# Le principe du trésor

Randy Alcorn

# *Le principe du* trésor

**Découvrir**

**la joie de donner**

blféditions

Édition originale publiée en langue anglaise sous le titre:
*The Treasure Principle* • Randy Alcorn

Publié par Multnomah Books, un département de Random House, Inc.
12265 Oracle Boulevard, Suite 200 • Colorado Springs • CO 80921 • USA


Édition en langue française:
*Le principe du trésor* • Randy Alcorn


Traduction: Sabine Bastin

Couverture et mise en page : BLF Editions
Impression n° 30188 • EVOLUPRINT • 31150 Bruguières



ISBN 978-2-910246-49-5
Dépôt légal 1er trimestre 2010 - Réimprimé en octobre 2021

Index Dewey (CDD): 241.68
Mots-clés: Argent. Richesse. Libéralité.

# Dédicace

L'auteur souhaite remercier son éditeur, James Lund : « Merci, Jim, pour ton cœur de serviteur et pour ton aide précieuse tout au long de ce projet ».

# Introduction

Pendant toute votre vie, vous avez cherché un trésor. Vous avez été en quête de l'être et du lieu parfaits. Jésus est cette personne et le ciel est ce lieu. Dès lors, si vous êtes chrétien, vous avez déjà rencontré cette personne et vous vous dirigez déjà vers ce lieu.

Il y a toutefois un problème. Vous ne vivez pas encore avec Jésus et vous n'habitez pas encore dans le ciel ! Vous fréquentez peut-être une église régulièrement, vous priez et vous lisez la Bible. Toutefois, votre vie est peut-être bien terne, n'est-ce pas ? Vous mettez docilement un pied devant l'autre mais vous avez le sentiment de cultiver une terre stérile, sous une chaleur étouffante. Vous aspirez à connaître une joie que vous ne pouvez pas trouver, à découvrir un trésor qui persiste à vous échapper.

Jésus a raconté une histoire semblable. Elle nous parle d'un trésor caché qui, une fois découvert, procure une joie qui bouleverse l'existence. Néanmoins, avant d'entamer notre petit voyage, j'aimerais souligner une chose importante. Certains ouvrages veulent motiver à donner généreusement en culpabilisant le lecteur. Ce n'est pas le cas de celui-ci.

Ce livre parle d'autre chose : de la joie procurée par la libéralité. Il vous présente ce que j'appelle le *principe du trésor*. Ce principe a été enfoui pendant longtemps. Il est temps de le déterrer et de le remettre en lumière. C'est une idée simple, mais profonde, avec des implications radicales. Une fois que vous l'aurez comprise et mise en pratique, rien ne sera plus jamais pareil. Et, croyez-moi, vous ne voudrez plus faire marche arrière.

Lorsque vous découvrirez la joie profonde du *principe du trésor*, je vous promets que vous ne pourrez plus vous contenter d'autre chose.

CHAPITRE 1

# Le trésor enfoui

*Il n'est pas fou celui qui donne ce qu'il ne peut conserver pour obtenir ce qu'il ne pourra pas perdre.* – Jim Elliot

Par un après-midi brûlant, un Israélite du premier siècle marche seul, un bâton à la main. Ses épaules sont voûtées, ses sandales sont couvertes de poussière et sa tunique est maculée de sueur, mais il ne prend pas le temps de se reposer. Il a des affaires urgentes à régler en ville.

Il quitte la route pour couper à travers champs. Le propriétaire ne lui en voudra pas car les voyageurs jouissent de ce petit privilège. Le terrain est accidenté. Pour garder l'équilibre, il plante fermement son bâton dans la poussière.

*Toc*. Voici qu'il heurte un objet dur. L'homme s'immobilise, s'éponge le front et frappe à nouveau le sol.

*Toc*. Il y a quelque chose là-dessous et ce n'est pas une pierre.

Épuisé, le voyageur songe qu'il ne peut se permettre de traîner, mais sa curiosité l'emporte. Il gratte le sol et les rayons du soleil ricochent bientôt sur un objet brillant. Il tombe à genoux et décide de creuser.

Cinq minutes plus tard, l'objet est dégagé : un coffre en bois bordé d'or. Son aspect montre qu'il était enfoui à cet endroit depuis plusieurs dizaines d'années. Le cœur battant, l'homme force la serrure rouillée et ouvre le couvercle.

Des pièces d'or ! Des bijoux ! Des pierres précieuses de toutes les couleurs ! Un trésor plus précieux que tout ce qu'il aurait jamais pu imaginer.

Les mains tremblantes, le voyageur inspecte les pièces de monnaie, frappées à Rome plus de soixante-dix ans auparavant. Leur riche propriétaire aura probablement enterré le coffre à cet endroit avant de mourir soudainement, emportant dans la tombe le secret de son emplacement. Il ne se trouve aucune ferme à proximité. Le propriétaire actuel ignore probablement la présence d'un trésor dans son champ. (N'oublions pas que les paraboles poursuivent un but essentiel. Celle-ci ne conseille pas de profiter de l'ignorance d'un propriétaire, mais de réagir avec joie à la découverte d'un trésor.)

Le voyageur referme le couvercle, remet le coffre en terre et marque l'endroit de son emplacement. Faisant demi-tour, il décide de rentrer chez lui. Son pas est désormais beaucoup plus léger. Il sautille comme un petit garçon, un grand sourire éclaire son visage.

*Quelle trouvaille ! Incroyable ! Il me faut ce trésor, mais je ne peux pas me contenter de l'emporter car ce serait du vol. Le propriétaire de ce champ en possède aussi le contenu. Mais comment pourrais-je me permettre de l'acheter ? Je vais vendre ma ferme… et mes cultures… tous mes outils… mon bœuf de concours. Oui, si je vends tout, cela devrait suffire !*

Dès l'instant où il a découvert ce trésor, la vie de cet homme a été bouleversée. Le contenu du coffre accapare son imagination et devient l'objet de tous ses rêves. Il est désormais son point de référence, son nouveau centre de gravité. Son trésor occupe toutes ses pensées et sa perspective a complètement changé.

Un seul verset suffit à Jésus pour raconter cette histoire : « Le Royaume des cieux ressemble à un trésor enfoui dans un champ. Un homme le découvre : il le cache de nouveau, s'en va, débordant de joie, vend tout ce qu'il possède et achète ce champ » (Matthieu 13 : 44).

Pour certains, ce passage évoque le fait de trouver le trésor du Christ et de son Royaume. Beaucoup y voient la description de Jésus qui donne sa vie pour obtenir le Royaume et ses sujets. Dans un cas comme dans l'autre, la parabole décrit la joie de découvrir un trésor considérable et éternel, qui dépasse de loin le prix à payer pour l'obtenir.

Comme nous le verrons, la base biblique du *principe du trésor* n'est pas ce passage, mais bien Matthieu 6 : 19-21. Quoi qu'il en soit, Matthieu 13 : 44 nous offre une image saisissante de la joie de renoncer à des trésors de moindre importance pour en trouver de plus grands.

## *Le lien de l'argent*

La parabole du trésor caché est l'un des nombreux passages dans lesquels Jésus aborde le sujet de la gestion de l'argent et des biens matériels. En réalité, quinze pour cent des paroles de Jésus sont en rapport avec ce sujet. C'est plus que les enseignements sur le ciel et l'enfer réunis !

Pourquoi Jésus a-t-il autant insisté sur les questions liées à l'argent et aux biens matériels ? Parce qu'il existe un lien fondamental entre notre vie spirituelle et la façon dont nous envisageons et gérons l'argent. Nous pouvons tenter de dissocier notre foi de nos finances, mais aux yeux de Dieu, elles sont indissociables.

J'ai soudain compris ce principe il y a plusieurs années à bord d'un avion, alors que je lisais le troisième chapitre de Luc. Jean-Baptiste prêche devant les foules qui se sont assemblées pour l'écouter et recevoir le baptême. Trois groupes distincts lui demandent ce qu'ils doivent faire pour manifester le fruit de la repentance et Jean fournit trois réponses :

1. Chacun devrait partager ses vêtements et sa nourriture avec les pauvres (v. 11).
2. Les collecteurs d'impôts ne doivent pas empocher davantage que les sommes dues (v. 13).
3. Les soldats doivent se contenter de leur solde et ne pas chercher à extorquer de l'argent (v. 14).

Chaque réponse concerne l'argent et les possessions matérielles. Pourtant, personne n'avait interrogé Jean sur la question. Ils avaient demandé ce qu'ils devaient faire pour manifester le fruit de leur transformation spirituelle. Pourquoi Jean a-t-il seulement évoqué le domaine de l'argent ?

Assis dans cet avion, j'ai compris que notre approche envers nos biens matériels était non seulement importante, mais capitale pour notre vie spirituelle. Elle revêt une priorité telle aux yeux de Dieu que Jean-Baptiste ne pouvait pas évoquer la véritable spiritualité sans évoquer la manière de gérer l'argent et les possessions matérielles.

Progressivement, j'ai pu faire le même constat surprenant dans d'autres passages. Zachée a dit à Jésus : « Écoute, Maître, je donne la moitié de mes biens aux pauvres et, si j'ai pris trop d'argent à quelqu'un, je lui rends quatre fois plus » (Luc 19 : 8).

Quelle est la réponse de Jésus ? « Aujourd'hui, le salut est entré dans cette maison » (v. 9). L'attitude radicalement nouvelle de Zachée envers l'argent prouvait que son cœur avait été transformé.

Les nouveaux convertis de Jérusalem se sont empressés de vendre leurs biens pour en redistribuer le fruit aux pauvres (Actes 2 : 45 ; 4 : 32-35). Les magiciens d'Éphèse ont démontré l'authenticité de leur conversion en brûlant leurs livres de sorcellerie, d'une valeur équivalente aujourd'hui à plusieurs millions d'euros (Actes 19 : 19).

La pauvre veuve se démarque du reste des Écritures pour avoir donné deux petites pièces de monnaie. Jésus a loué son geste : « Elle, dans sa pauvreté, elle a donné tout ce qu'elle possédait » (Marc 12 : 44).

Dans un contraste saisissant, Jésus décrit un homme riche qui dépense toute sa fortune pour lui-même. Il prévoit d'abattre ses granges et d'en construire de plus grandes afin de pouvoir y stocker des réserves et prendre une retraite anticipée sans manquer de rien.

Aux yeux de Dieu, cet homme est pourtant un insensé : « Pauvre fou que tu es ! Cette nuit même, tu vas mourir. Et tout ce que tu as préparé pour toi, qui va en profiter ? » (Luc 12 : 20).

La principale accusation portée contre lui (et le signe de sa mauvaise santé spirituelle) était qu'il était généreux envers lui-même, mais pas envers Dieu.

Lorsqu'un jeune homme fortuné a pressé Jésus de lui dire comment obtenir la vie éternelle, le Seigneur lui a répondu: « Si tu veux être parfait, va vendre tes biens, distribue le produit de la vente aux pauvres, et tu auras un capital dans le ciel. Puis viens et suis-moi » (Matthieu 19:21). L'homme était obsédé par les trésors terrestres. Jésus l'a encouragé à aspirer à quelque chose de plus grand: les trésors célestes.

Jésus savait que l'argent et les possessions matérielles étaient ses dieux. Il a compris que ce jeune ne servirait pas Dieu à moins de détrôner ses idoles. Mais l'homme en quête d'absolu a jugé le prix à payer trop élevé. Malheureusement, il a préféré s'éloigner des véritables trésors.

## *Intelligent ou stupide ?*

Ce jeune homme n'était pas prêt à renoncer à tout pour un trésor plus grand encore, mais le voyageur qui a traversé le champ, oui. Pourquoi ? Parce que cet homme avait compris ce qu'il y gagnerait.

Éprouvez-vous de la peine pour ce voyageur ? Après tout, sa découverte va lui coûter tout ce qu'il possède. Nous ne devrions toutefois pas avoir pitié de lui, mais bien *l'envier* ! Son sacrifice paraît de moindre importance au regard de sa récompense. Considérez le bénéfice retiré de cette opération et vous constaterez qu'il dépasse de loin son coût.

Le voyageur a consenti à des sacrifices à court terme pour obtenir une récompense à long terme. « Mais, objecterez-vous, il a dû renoncer à tout ce qu'il possédait ». En effet, *mais il a ainsi pu gagner tout ce qui importait vraiment.*

Si nous faisons l'impasse sur l'expression « débordant de joie », nous loupons l'essentiel de la parabole racontée par Jésus. L'homme n'échangeait pas des biens de moindre importance pour un trésor plus grand par devoir, mais bien mû par une joie débordante. Il aurait été insensé de ne pas faire exactement ce qu'il a fait.

Cette parabole donne une leçon sur les trésors célestes. Il est évident que peu importe l'immense valeur de notre fortune terrestre, elle perdra tout intérêt dans l'éternité. En réalité, nombreux sont ceux qui gaspillent leur vie en poursuivant ce genre de trésor terrestre. Jésus fait appel à ce que nous *valorisons* (des trésors terrestres temporaires) pour établir un contraste avec ce que nous *devrions valoriser* (un trésor céleste éternel).

David a évoqué ce fabuleux trésor : « Je fais ma joie de ta parole comme celui qui trouve un grand trésor » (Psaumes 119 : 162). Les promesses de Dieu sont des joyaux éternels et leur découverte procure une immense joie.

Dans Matthieu 6, Jésus dévoile entièrement le fondement de ce que j'appelle le *principe du trésor*. C'est pourtant l'un de ses enseignements les plus négligés :

> Ne vous amassez pas des richesses sur la terre où elles sont à la merci de la rouille, des mites qui rongent, ou des cambrioleurs qui percent les murs pour voler. Amassez-vous plutôt des trésors dans le ciel, où il n'y a ni rouille, ni mites qui rongent, ni cambrioleurs qui percent les murs pour voler. Car là où est ton trésor, là sera aussi ton cœur.
>
> MATTHIEU 6:19-21

Attardons-nous sur les propos de Jésus : « Ne vous amassez pas des richesses sur la terre ». Pourquoi pas ? Parce que les trésors terrestres sont mauvais ? Non. *Parce qu'ils ne durent pas.*

Les Écritures disent : « À peine as-tu fixé tes regards sur la fortune que, déjà, elle s'est évanouie, car elle se fait des ailes et s'envole comme l'aigle en plein ciel » (Proverbes 23 : 5). Quelle image ! La prochaine fois que vous achèterez un bien de valeur, imaginez qu'il lui pousse soudainement des ailes et qu'il s'envole. Tôt ou tard, il disparaîtra.

Toutefois, si Jésus nous encourage à ne pas amasser des trésors sur la terre, ce n'est pas parce que nous *pourrions* perdre nos biens matériels, mais parce que nous *allons assurément* les perdre. Soit ils nous quitteront de notre vivant, soit nous les quitterons à notre mort. Il n'y a pas d'exception à cette règle.

Imaginez que vous viviez dans le sud des États-Unis, en 1865, à la fin de la guerre civile. Cette guerre a divisé la nation entre opposants de l'esclavage (le Nord, ou l'Union) et ses partisans (le Sud). Le Sud, riche région agricole, refuse d'abolir l'esclavage et se retire de l'Union des États pour former un état confédéré. Or, vous êtes originaire du Nord et vous prévoyez de rentrer chez vous dès la fin de la guerre. Pendant votre séjour dans le Sud, vous avez accumulé beaucoup d'argent confédéré. Vous êtes toutefois certain que le Nord va l'emporter et que la fin du conflit est imminente. *Que ferez-vous de votre argent confédéré ?*

Si vous êtes intelligent, vous savez qu'il n'y a qu'une seule réponse. Vous devez immédiatement convertir votre argent confédéré en monnaie américaine, la seule monnaie qui aura encore de la valeur une fois la guerre terminée. Vous gardez juste assez d'argent confédéré pour couvrir vos besoins à court terme.

En tant que chrétien, vous savez qu'un bouleversement mondial pourrait être provoqué par le retour du Christ. Voici donc le conseil boursier du meilleur des initiés : la monnaie terrestre perdra toute valeur au retour de Jésus ou lorsque vous mourrez. (Les deux événements peuvent survenir à tout moment.)

Les experts financiers peuvent décrypter sur le marché les signes avant-coureurs d'une chute imminente des cours. Dans ce cas, ils conseillent d'échanger immédiatement les fonds de placement pour des formules plus sûres comme les instruments monétaires, les bons d'État ou les certificats de dépôts.

Jésus apparaît ici comme l'ultime spécialiste de la bourse. Il nous conseille de changer une fois pour toutes d'instrument de placement. Il nous exhorte à transférer nos fonds de la terre (une place financière volatile, sur le point de subir un effondrement irréversible) vers le ciel (totalement sûr, garanti par Dieu en personne et sur le point de remplacer à jamais l'économie terrestre). Les prévisions financières de Jésus pour la terre sont sombres, mais il se montre d'un optimisme sans réserve à l'égard des investissements effectués au ciel, là où tous les indicateurs de marché sont éternellement positifs !

Il n'y a rien de mal à posséder de l'argent confédéré tant que nous en comprenons les limites. Savoir que sa valeur est temporaire devrait radicalement modifier notre stratégie de placement. L'accumulation d'immenses trésors terrestres, impossibles à conserver à long terme, revient à accumuler de l'argent confédéré tout en sachant qu'il est sur le point de perdre toute valeur.

Selon Jésus, accumuler des trésors terrestres est non seulement mauvais en soi, mais carrément stupide !

## Penser « trésor »

Jésus ne se contente pas de dire où ne *pas* placer notre trésor, il nous donne aussi le meilleur conseil financier que nous recevrons jamais : « Amassez-vous plutôt des trésors dans le ciel » (Matthieu 6 : 20).

Si vous aviez interrompu votre lecture trop tôt, vous auriez pu croire que Jésus s'opposait à l'accumulation de trésors personnels. Non. Au contraire, il la recommande ! En fait, il la *commande*. Jésus *veut* que nous accumulions des trésors. Il nous dit seulement de cesser de les stocker dans le mauvais lieu et de commencer à les accumuler au bon endroit !

« Amassez-*vous* ». Ne paraît-il pas étrange que Jésus nous commande d'agir dans notre intérêt ? Ne serait-ce pas égoïste ? Non. Dieu attend de nous et nous demande d'agir par intérêt personnel éclairé. Il veut que nous vivions à sa gloire, mais ce qui lui rend gloire est toujours dans notre intérêt. Comme le dit l'auteur John Piper : « Plus notre satisfaction en Dieu est grande, plus il est glorifié en nous ».

L'égoïsme consiste à vouloir accumuler des biens au détriment des autres. Or, Dieu ne dispose pas d'un nombre limité de trésors à distribuer. Si vous vous accumulez des trésors au ciel, vous ne réduirez pas pour autant les trésors disponibles pour les autres. En réalité, c'est en servant Dieu et les autres que nous accumulons des trésors célestes. Tout le monde y gagne et personne n'y perd.

Jésus évoque une gratification différée. L'homme qui découvre le trésor dans le champ paie un prix élevé *aujourd'hui* en renonçant à tout ce qu'il possède, mais bientôt, il y gagnera un trésor fabuleux. Tant que ses yeux restent fixés sur ce trésor, il consent avec joie à des sacrifices à court terme. Sa joie est aussi présente de sorte que la gratification n'est pas non plus entièrement différée. La joie présente anticipe le bonheur futur.

En quoi consiste ce trésor céleste ? Il comprend de la puissance (Luc 19 : 15-19), des possessions (Matthieu 19 : 21) et des plaisirs (Psaumes 16 : 11). Jésus promet que ceux qui consentent à des sacrifices sur la terre « recevront cent fois plus et auront part à la vie éternelle » (Matthieu 19 : 29). Le centuple équivaut à un rendement de 10 000 pour cent. Plutôt impressionnant !

Il va de soi que notre ultime trésor est Jésus lui-même. Tout le reste pâlit en comparaison de sa personne et de la joie de le connaître (Philippiens 3 : 7-11). Notre premier trésor est une personne : Jésus. Notre second trésor est un lieu : le ciel. Les biens, récompenses éternelles, sont le troisième. Pour qui vivez-vous ? Pour quel lieu vivez-vous ? Pour quels biens vivez-vous ?

« Amassez-vous plutôt des trésors dans le ciel ». Pourquoi ? Parce que c'est juste ? Pas seulement. Parce que c'est *intelligent*. Parce que ces trésors *dureront*. Jésus argumente en faveur de ce qui compte vraiment. Il ne fait pas appel à nos émotions, mais bien à notre logique : investissez dans ce qui a une valeur éternelle.

Vous ne verrez jamais un corbillard suivi d'un camion de déménagement. Pourquoi ? *Parce qu'il est impossible d'emporter ses biens dans la mort.*

> Ne sois donc pas alarmé quand un homme s'enrichit, quand tu vois le luxe s'étaler dans sa maison. Car, lorsqu'il mourra, il n'emportera rien de ce qu'il possédait : ses biens ne le suivront pas.
>
> PSAUMES 49:17-18

John D. Rockefeller fut l'un des hommes les plus riches du monde. Après sa mort, on demanda à son comptable : « Combien a-t-il laissé ? » La réponse est devenue un classique du genre : « En fait, il a… *tout* laissé ».

*Vous ne pouvez pas emporter vos richesses.*

Si ce point est clair pour vous, alors vous êtes prêt à entendre le secret du *principe du trésor*.

## *Le principe du trésor*

Jésus expose lui-même cette vérité profonde : « Vous ne pouvez pas emporter vos richesses avec vous » et il ajoute un « mais » époustouflant. En nous recommandant d'accumuler des trésors personnels au ciel, il exprime un corollaire étonnant, que j'ai baptisé le *principe du trésor* :

**Vous ne pouvez pas l'emporter,**
**mais vous *pouvez* l'envoyer au ciel avant vous.**

C'est aussi simple que cela. Et si vous n'en avez *pas* le souffle coupé, c'est que vous n'avez pas bien compris ! Tout ce à quoi nous tentons de nous accrocher ici-bas sera perdu, mais tout ce que nous plaçons entre les mains de Dieu nous appartiendra pour l'éternité.

Si nous donnons au lieu de garder, si nous investissons dans l'éternel au lieu du temporel, nous amassons des trésors dans le ciel qui ne cesseront jamais de produire des dividendes. Tout trésor accumulé sur la terre restera derrière nous lorsque nous la quitterons. Tout trésor accumulé au ciel y attend d'ores et déjà notre arrivée.

Les conseillers financiers affirment : « Pour faire fructifier votre argent, n'envisagez pas seulement les trois mois ou les trois ans à venir. Envisagez les trente ans à venir ». Christ, le conseiller financier ultime, va plus loin. Il dit : « Ne vous demandez pas ce que votre investissement vous rapportera dans trente ans. Demandez-vous ce qu'il vous rapportera dans trente *millions* d'années ».

Supposez que je vous offre 1 000 euros aujourd'hui, à dépenser comme bon vous semble. Vous feriez une bonne affaire. Mais supposez que je vous donne le choix entre recevoir 1 000 euros aujourd'hui *ou* 10 millions d'euros dans un an, puis 10 millions de plus chaque année. Seul un insensé choisirait d'empocher 1 000 euros aujourd'hui. C'est pourtant ce que nous faisons chaque fois que nous nous accrochons à un bien éphémère, en renonçant à quelque chose de beaucoup plus précieux dont nous ne pourrons jouir que plus tard, mais pendant infiniment plus longtemps.

Bien entendu, Dieu a prévu de nombreux usages positifs pour notre argent, usages qui n'impliquent pas tous d'en faire don. Ainsi, il est capital que nous pourvoyions aux besoins matériels élémentaires de notre famille (1 Timothée 5 : 8). Mais ces bonnes choses ne sont qu'un début. L'argent que Dieu nous confie ici-bas est un capital à investir pour l'éternité. Chaque jour nous offre la possibilité d'acquérir davantage d'actions dans son Royaume.

**Vous ne pouvez pas l'emporter,**
**mais vous *pouvez* l'envoyer au ciel avant vous.**

Ce concept est révolutionnaire. Si vous vous en emparez, je vous garantis qu'il changera votre vie. En accumulant des trésors célestes, vous gagnerez une version éternelle du fabuleux trésor découvert par cet homme dans un champ.

Vous gagnerez la joie.

CHAPITRE 2

# La joie

*Moins je dépensais pour moi-même et plus je donnais aux autres, plus mon âme se remplissait de joie et de bénédiction.* – Hudson Taylor

En 1990, j'étais le pasteur d'une grande église, je touchais un bon salaire et je percevais des droits d'auteur sur mes livres. J'exerçais mon ministère depuis treize ans, depuis la naissance de cette communauté. Je ne désirais aucun autre travail au monde.

Puis un événement s'est produit, qui a bouleversé la vie des membres de ma famille. J'étais membre du conseil d'administration d'un centre d'aide pour jeunes filles enceintes. Nous avons accueilli chez nous une adolescente enceinte pour la soutenir dans sa décision de donner son bébé à l'adoption. Nous avons aussi eu la joie de la voir venir à Christ.

J'éprouvais un fardeau de plus en plus pesant pour l'enfant à naître. Après avoir sondé les Écritures et beaucoup prié, j'ai commencé à participer à des actions pacifiques devant des cliniques d'avortement. En réaction, j'ai été arrêté et emprisonné. Une clinique d'avortement a gagné un procès intenté à l'encontre de plusieurs d'entre nous. J'ai dit au juge que j'étais prêt à me dépouiller, s'il le fallait, pour payer ma dette, mais que je ne pouvais pas me résoudre à donner de l'argent à des individus qui s'en serviraient pour tuer des bébés. (C'était une question de conscience. Comprenez-moi bien : j'ai toujours payé mes dettes et je ne recommande à personne de chercher à échapper à ses responsabilités.)

Puis j'ai découvert que mon église était sur le point de recevoir un ordre de saisie sur salaire, exigeant qu'elle verse un quart de ma rémunération à la clinique d'avortement. L'église allait devoir payer la clinique ou s'opposer à une injonction du tribunal. Pour empêcher cette mesure, j'ai démissionné.

J'avais déjà renoncé aux droits sur la vente de mes livres. La seule façon pour moi d'éviter la saisie sur salaire était de me contenter d'appointements minimums. Heureusement, notre famille pouvait vivre avec seulement une partie de ma rémunération pastorale et nous venions d'achever le remboursement de notre prêt bancaire pour notre maison. Nous n'avions donc plus aucune dette.

Une seconde décision de justice a été rendue au profit d'une autre clinique d'avortement. Bien que nos actions aient été non violentes, le juge a accordé au plaignant le plus gros dédommagement jamais imposé à un groupe de manifestants pacifiques : 8 millions d'euros. Cette fois, il paraissait probable que nous perdions notre maison. Selon toutes vraisemblances, et assurément selon les normes de ce monde, nos vies avaient pris une tournure dramatique. N'est-ce pas ?

Pas du tout. Ces événements figurent parmi les meilleures choses qui nous sont jamais arrivées. Dieu a transformé en bien le mal désiré par d'autres (Genèse 50 : 20). Nous avons démarré un nouveau ministère. Grâce à son poste de secrétaire, ma femme Nanci pouvait compléter mon salaire minimum. Tous nos avoirs ont été placés à son nom, y compris notre maison. Je n'avais jamais rêvé de perdre la capacité de posséder légalement le moindre bien et je n'en étais pas fier, mais Dieu s'est servi de cette situation pour m'aider à comprendre ce qu'il entendait par « tout est à moi sous l'étendue des cieux » (Job 41 : 3).

Ce n'était pas la première fois que Dieu me sensibilisait à son droit de propriété. Plusieurs années auparavant, j'avais prêté un appareil stéréo portable au groupe de jeunes de l'église. Il m'avait été rendu endommagé et je dois reconnaître que cela m'avait beaucoup irrité. Mais le Seigneur m'a repris en me rappelant que ce matériel n'était pas le *mien*, mais le sien et qu'il avait été utilisé pour toucher des jeunes. Qui étais-je pour me plaindre de ce qui appartenait à Dieu ?

À l'époque, les biens matériels les plus précieux à mes yeux étaient mes livres. Je dépensais beaucoup d'argent pour acheter de nombreux ouvrages de qualité. Des centaines d'ouvrages. Ces livres signifiaient beaucoup pour moi. Je les prêtais, mais j'étais furieux quand on ne me les rendait pas ou quand ils me revenaient écornés.

Puis j'ai senti que Dieu voulait m'amener à faire don de mes livres (tous mes livres !) pour créer une bibliothèque à l'église. Quand j'ai consulté la liste des emprunteurs, parfois plusieurs dizaines pour un seul livre, j'ai compris qu'en renonçant à mes biens, j'avais investi dans la vie d'autrui. Désormais, plus les livres étaient usés, plus j'étais heureux. Mon point de vue avait totalement changé.

Au début des années quatre-vingt-dix, Dieu s'est servi de ces condamnations en justice pour porter ma compréhension de son droit de propriété à un autre niveau encore. Les Écritures ont pris tout leur sens à mes yeux :

- La terre et ses richesses appartiennent à l'Éternel. L'univers est à lui avec ceux qui l'habitent (Psaumes 24 : 1).

- C'est à moi qu'appartiennent tout l'argent et tout l'or. Voilà ce que déclare le Seigneur des armées célestes (Aggée 2:8).
- Souviens-toi au contraire que c'est l'Éternel ton Dieu qui te donne la force de parvenir à la prospérité (Deutéronome 8:18).
- Vous ne vous appartenez donc pas à vous-mêmes. Car vous avez été rachetés à grand prix (1 Corinthiens 6:19-20).

Dieu m'a ainsi enseigné la première des six clés pour comprendre le principe du trésor: Dieu est à jamais le propriétaire de toutes choses, y compris les livres et les chaînes stéréo. Je suis, moi aussi, sa propriété. Dieu n'a jamais renoncé à son droit de propriété, il n'a jamais abandonné son droit de posséder tous les trésors de la terre. Il n'est pas mort en laissant la terre en héritage à qui que ce soit.

**Principe du trésor – Clé n° 1**

*Dieu possède tout.*
*Je suis le gestionnaire de ses biens.*

Il est très ironique de constater que j'avais abondamment écrit sur le sujet de la propriété divine dans l'un de mes livres. Un an à peine après sa publication, je ne possédais plus rien. Au cœur de l'adversité, Dieu m'enseignait les implications bouleversantes de cette vérité.

J'ai compris que notre maison appartenait à Dieu, et non à nous. Pourquoi s'inquiéter de savoir si nous la gar-derions puisqu'elle était à lui ? Il n'était pas à court de ressources. Il pouvait facilement nous fournir un autre toit.

Mais ce n'était là que la première partie de la leçon. Si Dieu était le propriétaire de mes biens, j'en étais le gestionnaire. Je devais adopter une nouvelle mentalité de serviteur envers les biens qu'il m'avait *confiés* (et non *donnés*).

Un serviteur gère les biens dans l'intérêt de leur propriétaire. Il n'exerce aucun droit sur ces biens. Son travail consiste à déterminer ce que le propriétaire désire en faire, puis à exécuter sa volonté.

## *Donner avec joie*

Jerry Craven possédait une chaîne de restaurants très rentables, deux banques, un ranch, une ferme et des sociétés immobilières. À l'âge de cinquante-neuf ans, il aspirait à la retraite et cherchait une maison douillette au bord d'un lac. Mais le divin Propriétaire avait d'autres projets.

« Dieu nous a amenés à investir notre argent et notre temps à l'étranger, raconte Jerry. C'était vraiment enthousiasmant. Au début, nous nous contentions de dons symboliques, mais aujourd'hui, nous versons d'importantes sommes d'argent aux missions et nous allons souvent en Inde ».

Qu'est-ce qui a modifié l'attitude des Craven envers l'argent ?

« Le fait d'avoir pris conscience du droit de propriété de Dieu, explique Jerry. Dès que nous avons compris que nous donnions l'argent de Dieu pour faire l'œuvre de Dieu, nous avons découvert une paix et une joie que nous n'avions jamais éprouvées lorsque nous pensions que cet argent était le nôtre ! »

Un jour, un homme échevelé se précipita à cheval vers l'évangéliste anglais John Wesley (1703-1791) et lui annonça : « Monsieur Wesley, une chose terrible s'est produite ! Votre maison vient d'être entièrement détruite par un incendie ! »

Wesley médita la nouvelle, puis répondit calmement : « Non. La maison du *Seigneur* a été ravagée par les flammes. Voilà qui implique une responsabilité de moins pour moi ».

La réaction de Wesley n'était pas du déni. Il s'agissait, au contraire, de la ferme expression de la réalité : Dieu est le propriétaire de toutes choses et nous ne sommes que ses gestionnaires.

Chaque fois que nous réagissons en propriétaires, un signal d'alarme devrait retentir. Nous devons penser en serviteurs, en gestionnaires de placement, toujours à la recherche du meilleur instrument pour investir l'argent du propriétaire. Au terme de notre mission, nous subirons l'évaluation de nos résultats : « Ne devons-nous pas tous comparaître devant le tribunal de Dieu ? [...] Ainsi chacun de nous rendra compte à Dieu pour lui-même » (Romains 14 : 10, 12).

Notre nom figure sur le compte de Dieu. Nous jouissons d'un accès illimité à ses biens, un privilège qui donne lieu à bien des abus. En tant que gestionnaires de son argent, Dieu nous laisse le soin de déterminer notre propre salaire. Nous percevons les fonds nécessaires sur ses avoirs pour payer nos dépenses courantes. L'une de nos décisions spirituelles les plus essentielles consiste à déterminer le montant raisonnable dont nous avons besoin pour vivre. Quelle que soit cette somme (qui varie légitimement d'une personne à l'autre), nous ne devons pas amasser ou dépenser l'excédent. Après tout, cet argent lui appartient. Et il a son mot à dire sur la façon de l'investir.

Chaque printemps, ma femme et moi lisons des dizaines de lettres émanant de membres de notre église qui partent en voyage missionnaire durant l'été. Cette année, nous avons reçu quarante-cinq demandes officielles de prière et de contribution financière à l'un ou l'autre de ces projets. Lorsque ce moment de l'année arrive, je suis comme un enfant dans une confiserie, une confiserie aussi vaste que le monde, aussi vaste que le cœur de Dieu.

Pourquoi une telle excitation ?

Parce que nous recevons ensuite des témoignages et des courriels. Nous sommes témoins de l'enthousiasme grandissant, des progrès spirituels et des priorités bouleversées dans la vie de tous ces gens. Nous sommes impliqués dans de nombreuses facettes de l'œuvre de Dieu autour du monde. Nous prions que ceux qui partent (et ceux vers qui ils vont) ne soient jamais plus les mêmes. Et nous y aurons contribué !

J'assistais dernièrement à une réunion de donateurs. Chacun autour de la table apportait son témoignage. Les mots « joie », « bonheur », « enthousiasme » et « merveilleux » étaient récurrents. Les sourires et les rires abondaient, ainsi que les larmes de joie. Un couple âgé a raconté que tous deux voyageaient constamment autour du monde en s'impliquant dans les ministères qu'ils soutenaient financièrement. Entre-temps, leur maison se délabre, mais ils disent : « Nos enfants ne cessent de nous répéter de réparer notre maison ou d'en acheter une nouvelle parce que nous pouvons nous le permettre. Mais nous leur répondons : "Pourquoi ferions-nous cela ? Ce n'est pas ce qui nous amuse le plus !" »

Ray Berryman, directeur d'une entreprise de services publics, a témoigné que lui et son épouse donnaient au moins la moitié de leurs revenus à l'œuvre de Dieu chaque année.

« La joie de donner vient du fait de servir Dieu de la façon à laquelle il m'a appelé et de constater que ce que je donne attire les gens vers Jésus », explique Ray. « Quelle joie de savoir que nous participons à l'évangélisation, à la formation, à l'aide et au soutien des plus nécessiteux ! Je trouve cela merveilleux et source d'une grande satisfaction ! »

Plus nous donnons, plus nous éprouvons de la joie à donner, et plus Dieu se réjouit en nous. Nos dons nous procurent de la joie, mais surtout, ils réjouissent Dieu.

« Dieu aime celui qui donne avec joie » (2 Corinthiens 9 : 7). Cela ne signifie pas pour autant que nous devrions uniquement donner quand nous ressentons de la joie. La joie accompagne et suit l'acte d'obéissance ; elle ne le précède pas. N'attendez donc pas d'avoir l'envie de donner, sinon l'attente pourrait être longue ! Donnez et voyez la joie que vous éprouvez.

Dieu se réjouit de notre empressement à faire un don. Il veut que nous trouvions la joie. Il nous *commande* même de nous réjouir (Philippiens 4 : 4). À quel commandement pourrait-on avoir plus de plaisir à nous soumettre que celui-ci ? Toutefois, si nous ne donnons pas, nous nous privons de la source de joie que Dieu nous ordonne de rechercher !

Je connais un célibataire qui s'est donné à Jésus vers l'âge de vingt ans. Il a lu les Écritures et il en a été si bouleversé qu'il a décidé de vendre sa maison et de donner l'argent à Jésus. Toutefois, lorsqu'il a partagé son projet avec des croyants plus âgés dans son groupe d'étude biblique, une chose terrible s'est produite : ils l'en ont dissuadé.

S'il vous arrive de vouloir dissuader un jeune croyant (y compris votre propre enfant) de donner, retenez-vous. N'éteignez pas l'Esprit de Dieu et ne privez pas une personne de la joie présente et des récompenses futures de sa libéralité. Décidez plutôt d'observer et d'apprendre. Puis déposez les biens de Dieu sur la table et demandez-lui de vous montrer à quoi il veut que vous renonciez.

## *Le tonnerre, la foudre et la grâce*

L'apôtre Paul nous dit que les églises de Macédoine comprenaient la joie de la libéralité : « Elles ont été mises à l'épreuve par de multiples détresses, mais les croyants, animés d'une joie débordante et malgré leur extrême pauvreté, ont fait preuve d'une très grande générosité » (2 Corinthiens 8 : 2).

Comment combiner dans un seul verset les mots « multiples détresses », « joie débordante », « extrême pauvreté » et « grande générosité » ? Donner n'est pas le luxe des riches, mais le privilège des pauvres. J'ai découvert que les chrétiens démunis n'éprouvent pas de plus grande joie que de donner.

Les Macédoniens refusaient de laisser des circonstances adverses les priver de cette joie : « Avec une vive insistance, ils nous ont demandé la faveur de prendre part à l'assistance destinée à ceux qui, à Jérusalem, appartiennent à Dieu » (v. 4). Ils ont dû insister, probablement parce que Paul et les autres leur disaient que leur pauvreté les exemptait de faire un don.

Ces premiers chrétiens étaient donc extrêmement pauvres, mais ils invoquèrent toutes les raisons possibles pour pouvoir donner. Ils les supplièrent d'avoir droit à ce privilège ! Quel contraste avec nous, qui possédons tellement plus qu'eux, mais qui parvenons à trouver d'innombrables prétextes pour ne *pas* donner !

Il est humiliant de recevoir de la main d'une personne bien plus pauvre que nous. J'ai expérimenté ce sentiment lors de voyages missionnaires où les hôtes démunis servent leur meilleure nourriture à leurs invités américains et ce, avec un immense sourire. Le plaisir procuré par ce sacrifice n'est pas feint. Ils en sont *vraiment* heureux.

Lorsque le tabernacle a été construit, les Israélites étaient tellement remplis d'enthousiasme qu'il a fallu les « empêcher » de donner plus encore (Exode 36 : 5-7).

C'est exactement l'effet que produira la libéralité sur vous.

David considéra ce que son peuple et lui avaient donné à l'Éternel. Il s'en trouva humilié : « Car, qui donc suis-je, et qui donc est mon peuple pour avoir les moyens de t'offrir de tels dons ? Tout cela vient de toi, et c'est de ta main même que nous avons reçu ce que nous te donnons » (1 Chroniques 29 : 14).

Mon ami Dixie Fraley m'a confié : « C'est lorsque nous donnons que nous ressemblons le plus à Dieu ». Gardez les yeux fixés sur Jésus suffisamment longtemps et vous apprendrez à donner davantage. Donnez suffisamment longtemps et vous ressemblerez davantage à Jésus.

Dans 2 Corinthiens 8 : 1, Paul dit : « Nous voulons vous faire connaître, frères, la grâce que Dieu a accordée aux églises de Macédoine ». Comment la grâce de Dieu était-elle manifestée ? Par leur choix de donner à des chrétiens dans le besoin. Au verset 6, Paul appelle le don des Macédoniens pour aider l'église de Jérusalem en difficulté une « œuvre de grâce » (Colombe). Le même mot grec est utilisé pour décrire la *libéralité* chrétienne et la *grâce* de Dieu.

La grâce du Christ définit, motive et met nos dons en perspective : « Car vous savez comment notre Seigneur Jésus-Christ a manifesté sa grâce envers nous : lui qui était riche, il s'est fait pauvre pour vous afin que par sa pauvreté vous soyez enrichis » (v. 9).

Notre libéralité est une réponse naturelle à la grâce de Dieu dans notre vie. Elle ne naît pas par altruisme ou par philanthropie, mais bien de l'œuvre transformatrice du Christ en nous. La grâce de Jésus est l'impulsion ; notre libéralité est la réaction. Nous donnons parce qu'il nous a donné le premier. Le plus grand passage de la Bible consacré à la libéralité ne se termine pas par « Félicitations pour votre générosité ! », mais bien par « Béni soit Dieu pour son don incomparable ! » (2 Corinthiens 9 : 15).

Comme le tonnerre suit la foudre, le don suit la grâce. Quand la grâce de Dieu nous touche, nous ne pouvons pas nous empêcher de réagir par la générosité. Comme les Macédoniens l'avaient bien compris, donner, c'est le trop-plein de la joie.

## *Autres avantages de la libéralité*

Marc est avocat et il donne la moitié de son revenu chaque année.

« Ma quête d'argent m'avait éloigné de Dieu, explique-t-il. Mais depuis que je lui rends mes biens, tout a changé : le fait de donner m'a rapproché de Dieu plus que toute autre chose ».

Dans le film *Les chariots de feu*, le champion olympique Éric Liddell dit : « Je crois que Dieu m'a créé dans un but précis… et quand je cours, je ressens son plaisir ! » Ceux qui ont découvert le principe du trésor en témoignent : « Quand je donne, je ressens son plaisir ! »

Il m'est arrivé de m'égarer et de perdre mes repères, puis un besoin se présente et Dieu m'amène à donner. Soudain, je me sens galvanisé d'énergie, de concentration et de joie. Je ressens le plaisir de Dieu.

Dieu a dit : « Je leur [les Lévites] donne pour possession la dîme que les Israélites prélèveront pour l'Éternel » (Nombres 18 : 24). Remarquez que le peuple donnait sa dîme à Dieu et non aux Lévites. Tout portait à croire que le peuple soutenait ses responsables spirituels mais, en réalité, il donnait son argent à Dieu et c'est Dieu qui consacrait ensuite ces fonds aux Lévites. Les chrétiens doivent aimer leur pasteur et le soutenir financièrement (Galates 6 : 6), mais d'abord et surtout, ils doivent donner à Dieu (2 Corinthiens 8 : 5). Avant toute autre chose, donner est un acte d'adoration.

La libéralité stimule notre relation avec Dieu. Elle ouvre notre main pour que nous puissions recevoir ce que Dieu a pour nous. En voyant l'effet qu'elle produit sur nous et sur les autres, nous desserrerons le poing plus promptement et plus largement lorsque la prochaine occasion de donner se présentera.

Dieu a dit : « Celui qui fait la sourde oreille quand le malheureux appelle à l'aide, appellera lui-même à l'aide sans obtenir de réponse » (Proverbes 21 : 13). Dans Ésaïe 58 : 6-10, Dieu affirme que son désir de répondre à nos prières est directement influencé par le fait que nous nous soucions ou non des affamés, des nécessiteux et des opprimés. Vous voulez donner de la puissance à votre vie de prière ? Montrez-vous généreux !

Il a été dit de Josias : « Il faisait droit aux pauvres ainsi qu'aux malheureux, et s'en est bien trouvé. C'est par là que quelqu'un montre qu'il me connaît » (Jérémie 22 : 16). Se soucier des plus démunis est une attitude naturelle pour celui qui connaît Dieu. Une attitude qui nous rapproche de lui.

Un homme d'affaires m'a confié : « Lorsque je donne, je dis : "Je t'aime, Seigneur" ». Paul a dit aux Corinthiens que leur don d'argent faisait « abonder des prières de reconnaissance envers Dieu » (2 Corinthiens 9 : 12).

Un autre avantage de la libéralité est la liberté. C'est une question de physique élémentaire. Plus la masse est grande, plus son emprise est puissante. Plus nous possédons de biens (plus leur masse totale est grande), plus ils exercent de l'emprise sur nous, nous immobilisant en orbite autour d'eux. Au bout du compte, comme un trou noir, ils nous aspirent vers eux.

La libéralité change tout. Elle nous libère de l'orbite de nos possessions matérielles. Nous échappons alors à leur gravité et nous entrons dans une nouvelle orbite autour de nos trésors célestes.

Malgré la condamnation de 8 millions d'euros prononcée il y a onze ans, nous n'avons jamais perdu notre maison. Alors que je recevais de ma mission un salaire minimum et que celle-ci restait propriétaire des livres que j'écrivais, les ventes ont soudainement explosé. Notre œuvre a ainsi pu verser environ 90 % de ces droits d'auteur à des missions, des aides alimentaires d'urgence et des associations luttant pour le respect de la vie. Au cours des trois dernières années, par la grâce de Dieu, nous avons donné plus de 500 000 euros. Je me dis parfois que Dieu vend mes livres juste pour récolter les fonds nécessaires aux ministères chers à son cœur !

Je ne me couche pas le soir avec l'impression d'avoir « sacrifié » cet argent. Je m'endors heureux parce qu'il n'y a rien de tel que la joie de donner. Pour moi, la seule sensation comparable est le bonheur d'amener une personne à Jésus-Christ.

La libéralité apporte de la joie dans la vie. Elle donne une dimension éternelle à la plus ordinaire des journées. C'est l'une des raisons (parmi tant d'autres) pour lesquelles aucune somme d'argent ne pourrait me convaincre de cesser de donner.

Mais ce n'est pas tout… Aussi belle soit-elle, notre joie présente n'est pas le meilleur aspect du principe du trésor.

CHAPITRE 3

# Les yeux fixés sur l'éternité

*Le Fils de l'homme viendra dans la gloire de son Père, avec ses anges, et alors il donnera à chacun ce que lui auront valu ses actes.* – Matthieu 16 : 27

Pat et Rakel Thurman nous guidèrent à travers le dédale poussiéreux et étouffant des rues du Caire jusqu'au fond d'une allée étroite. Après avoir franchi un portail pourvu de panneaux rédigés en arabe, nous nous sommes engagés sur un bout de terrain envahi par les mauvaises herbes. Nous nous trouvions dans un cimetière pour missionnaires américains.

Alors que ma famille et moi pénétrions dans ce lieu, Pat nous indiqua une tombe brûlée par le soleil qui portait pour épitaphe : « William Borden 1887-1913 ».

William Borden était diplômé d'une grande université américaine et héritier d'une grosse fortune. Il a renoncé à une existence aisée pour apporter l'Évangile aux musulmans. Allant jusqu'à refuser d'acheter une voiture, Borden a fait don de centaines de milliers d'euros aux missions. Après quatre mois à peine de ministère zélé en Égypte, il a contracté une méningite spinale qui l'a terrassé à l'âge de vingt-cinq ans.

J'ôtai la poussière qui couvrait l'épitaphe sur sa tombe. Après avoir décrit son amour et ses sacrifices pour le Royaume de Dieu et pour le peuple musulman, l'inscription s'achevait par ces mots que je n'oublierai jamais : « En dehors de sa foi en Jésus-Christ, rien ne peut expliquer une telle vie ».

Les Thurman nous emmenèrent ensuite au Musée national d'Égypte. L'exposition consacrée au roi Toutânkhamon nous a coupé le souffle. L'enfant pharaon n'avait que dix-sept ans lorsqu'il mourut. Il fut enseveli avec des chars en or massif et des milliers d'objets en or. Son sarcophage d'or fut emboîté dans un autre sarcophage d'or, lui-même emboîté dans un autre sarcophage d'or. Le lieu de son ensevelissement renfermait des tonnes d'or.

Les Égyptiens croyaient bien en la vie après la mort, une vie dans laquelle il était possible d'emporter ses trésors terrestres. Mais tous les trésors destinés au roi Toutânkhamon pour son plaisir éternel sont restés exactement à l'endroit où ils avaient été déposés jusqu'à la découverte de la chambre mortuaire par Howard Carter en 1922. Personne n'y avait touché pendant plus de 3 000 ans !

J'ai été frappé par le contraste entre ces deux tombes. Celle de Borden était inconnue, envahie par les ronces et cachée au fond d'une ruelle jonchée de détritus. Le tombeau de Toutânkhamon étincelait d'une richesse inimaginable. Cependant, où sont ces deux jeunes hommes aujourd'hui ? L'un d'eux, qui a vécu jadis dans l'opulence en se faisant appeler roi, est plongé dans le désespoir d'une éternité sans Christ. L'autre, qui a mené une existence modeste sur terre au service du seul véritable Roi, jouit de sa récompense éternelle dans la présence de son Dieu.

La vie de Toutânkhamon s'est avérée tragique à cause d'une vérité terrible découverte trop tard : il est impossible d'emporter ses trésors dans l'au-delà. La vie de William Borden s'est soldée par un triomphe. Pourquoi ? Parce qu'au lieu de laisser ses trésors derrière lui, il s'est arrangé pour qu'ils le précèdent.

## *Récompenses éternelles*

Comment imaginez-vous le ciel ? Comme un lieu plutôt morne où vous n'aurez rien d'autre à faire que de jouer le même air de harpe à l'infini ? Si c'est le cas, vous redoutez probablement cette perspective. Toutefois, si vous préférez croire les Écritures, vous êtes rempli de joie et d'impatience à la perspective de rejoindre votre foyer céleste. Comme je l'ai déjà écrit précédemment, le ciel sera pour nous un lieu de repos et de libération des fardeaux du péché et de la souffrance, mais ce sera aussi un lieu d'apprentissage, d'intense activité, d'expression artistique, d'exploration, de découverte, d'amitié et de service.

Certains d'entre nous régneront avec Christ (Apocalypse 20 : 6). Des serviteurs fidèles se verront confier des tâches importantes (Matthieu 25 : 21, 23). Christ nommera certains de ses disciples à la tête de villes et leur confiera des responsabilités proportionnelles aux services qu'ils auront rendus sur la terre (Luc 19 : 12-19). Les Écritures évoquent cinq couronnes distinctes qui suggèrent des positions de leadership. Nous commanderons même les anges (1 Corinthiens 6 : 3).

Ces récompenses éternelles nous seront données en réponse à nos bonnes œuvres (Éphésiens 6 : 8 ; Romains 2 : 6, 10), à la persévérance dans la persécution (Luc 6 : 22-23), à la compassion manifestée envers les pauvres (Luc 14:13-14) et à la douceur témoignée envers nos ennemis (Luc 6:35).

Dieu nous accordera aussi des récompenses pour avoir donné avec générosité: « Va vendre tes biens, distribue le produit de la vente aux pauvres, et tu auras un capital dans le ciel » (Matthieu 19:21).

Jésus garde en mémoire le plus humble de nos actes de bonté: « Si quelqu'un donne à boire, ne serait-ce qu'un verre d'eau fraîche, au plus insignifiant de mes disciples parce qu'il est mon disciple, vraiment, je vous l'assure, son geste ne sera pas oublié; il en sera récompensé » (Matthieu 10:42).

Dieu garde la trace de tout ce que nous accomplissons pour lui, y compris nos dons: « On a écrit un livre devant lui pour que soit conservé le souvenir de ceux qui sont fidèles à l'Éternel et qui le révèrent » (Malachie 3:16).

Imaginez qu'un scribe note chacun de vos dons dans ce livre céleste. Le vélo donné à l'enfant de vos voisins, les livres offerts aux prisonniers, les chèques mensuels libellés pour l'église, les missionnaires et les centres d'aide sociale: tout y est noté. Les livres sont destinés à être lus. Je me réjouis d'entendre le récit de votre libéralité et de rencontrer ceux qui auront été touchés par vos dons.

Jésus a dit: « Si donc vous n'avez pas été fidèles dans la gestion des richesses injustes, qui vous confiera les richesses véritables ? Si vous n'avez pas été fidèles dans la gestion du bien d'autrui, qui vous donnera celui qui vous est personnellement destiné ? » (Luc 16 : 11-12). Si vous gérez son argent avec fidélité, Christ vous donnera des richesses véritables et éternelles.

En nous accrochant à ce qui ne nous appartient pas, nous renonçons à l'opportunité de nous voir confier des biens au ciel. Par contre, en distribuant généreusement la propriété de Dieu sur la terre, nous deviendrons propriétaires dans l'éternité !

Bon nombre des bénéfices de notre libéralité présente nous seront accordés au ciel. Après avoir évoqué le désir du serviteur astucieux d'utiliser les ressources terrestres pour « que des gens me reçoivent chez eux » (Luc 16 : 4), Jésus dit à ses disciples d'utiliser les richesses du monde pour se « faire des amis » (en ayant un impact sur leur vie ici-bas). Pourquoi ? « Ainsi, le jour où elles vous échapperont, ils vous accueilleront dans les demeures éternelles » (v. 9).

Nos « amis » au ciel seront ceux dont nous aurons touché la vie sur la terre et qui posséderont leur propre demeure céleste. D'après Luc 16 : 9, il semblerait que la maison éternelle de nos amis sera un lieu où nous séjournerons dans la communion, peut-être au fil de nos pérégrinations dans le Royaume céleste. L'argent donné pour aider d'autres personnes sur la terre nous ouvrira les portes de leur amitié céleste. Quelle perspective réjouissante !

John Bunyan, qui a rédigé *Le voyage du Pèlerin* dans une prison anglaise, a dit :

> Toute bonne œuvre que vous accomplissez pour lui, dans le respect de sa Parole, est déposée pour vous comme un trésor dans des coffres, en vue d'en être retirée plus tard pour vous récompenser devant les hommes et les anges, pour votre bien-être éternel.

Ce concept est-il biblique ? Tout à fait. Paul a évoqué les dons financiers des Philippiens en expliquant : « Ce n'est pas que je tienne à recevoir des dons ; ce qui m'intéresse, c'est qu'un plus grand nombre de fruits soit porté à votre actif » (Philippiens 4 : 17). Dieu garde un compte ouvert à notre nom au ciel et chaque don versé pour sa gloire correspond à un dépôt sur ce compte. Dès lors, nos dons profitent non seulement à Dieu et à notre prochain, mais aussi à nous-mêmes dans l'éternité. Avez-vous fait des dépôts réguliers sur ce compte ?

Est-ce mal, pour un chrétien, d'être ainsi motivé par la récompense à venir ? Pas du tout ! Si c'était le cas, Christ ne l'aurait pas évoquée pour nous encourager. La récompense, c'est son idée, pas la nôtre.

Notre instinct nous pousse à donner uniquement à ceux qui nous donnent en retour. Mais Jésus nous a dit de donner aux pauvres, aux estropiés, aux paralysés, aux aveugles… « Ces gens-là n'ont pas la possibilité de te rendre la pareille. Et Dieu te le revaudra lorsque les justes ressusciteront» (Luc 14:13-14). Si nous donnons à ceux qui ne peuvent nous récompenser, Christ promet de nous rétribuer personnellement au ciel.

La libéralité est un puissant levier positionné sur le pivot de ce monde. Elle nous permet de déplacer des montagnes dans le monde à venir. Parce que nous donnons, l'éternité sera différente, pour les autres comme pour nous.

## *Un cœur bien placé*

Au ciel, nous rencontrerons tous ceux envers qui nous aurons été généreux ici-bas et ils nous exprimeront leur reconnaissance. Que nous ayons été leur moniteur d'école du dimanche ou leur soutien financier dans la mission, ces gens nous remercieront un jour de les avoir aidés par nos dons.

Dieu nous promet des récompenses célestes généreuses, sous un nouveau ciel et sur une nouvelle terre, et non plus dans la malédiction et la souffrance (Apocalypse 21 : 1-6). Nous vivrons à jamais avec celui pour lequel nous avons été créés, dans un lieu fait pour nous.

Beaucoup de chrétiens redoutent pourtant la perspective de quitter ce monde.

Pourquoi ? Parce que beaucoup ont accumulé des trésors sur la terre et pas dans le ciel. Chaque jour nous rapproche inexorablement de la mort. Si vos trésors sont sur la terre, chaque jour qui passe vous rapproche un peu plus du moment où vous les perdrez tous.

John Wesley visita une vaste plantation avec son propriétaire, fier de ses biens. Ils se promenèrent à dos de cheval pendant plusieurs heures sans pour autant parcourir la totalité de ses terres. À la fin de la journée, ils s'attablèrent devant le repas. Le propriétaire de la plantation demanda avec empressement :

– Eh bien, Monsieur Wesley, qu'en pensez-vous ?

– Je pense que vous aurez beaucoup de mal à quitter tout cela, répondit Wesley.

Récemment, je me suis entretenu avec Lucie, qui souffre d'un cancer au stade terminal. Elle pleurait, non pas parce qu'elle allait mourir, mais parce que je l'avais questionnée sur la libéralité. À travers ses larmes, elle m'a dit : « Donner m'émeut au plus haut point. Je suis époustouflée de savoir que Dieu m'a choisie pour donner. Je ne tarderai plus à le rencontrer face à face et tout ce que je désire, c'est qu'il me dise : « C'est bien, bonne et fidèle servante ».

Soudain, elle éclata de rire : « Après tout, rien d'autre n'a la moindre importance, dit-elle. Pourquoi devrais-je me soucier de quoi que ce soit d'autre ? »

Le cœur de Lucie est fixé sur les récompenses célestes. Parce qu'elle accumule des trésors au ciel, chaque jour qui passe la rapproche davantage de ces richesses.

Jésus a dit : « Car là où est ton trésor, là sera aussi ton cœur » (Matthieu 6 : 21). C'est la seconde clé du principe du trésor.

**Principe du trésor – Clé n° 2**

*Mon cœur se trouve toujours là où je place l'argent de Dieu.*

En affirmant que notre cœur suit invariablement notre trésor, Jésus nous dit : « Montre-moi ton carnet de chèques, ton relevé de carte de crédit et tes factures et je te montrerai où se trouve ton cœur ».

Supposez que vous achetiez des actions de Microsoft. Que se passe-t-il ? Vous développez soudain de l'intérêt pour Microsoft. Vous consultez les nouvelles boursières. Vous lisez attentivement les articles consacrés à la multinationale alors qu'un mois plus tôt, vous n'y auriez pas accordé la moindre attention.

Supposez que vous souteniez une œuvre qui vient en aide aux enfants africains victimes du SIDA. Vous êtes irrésistiblement attiré par tous les articles que vous dénichez sur la question. Si vous envoyez de l'argent pour implanter des églises en Inde et si un tremblement de terre frappe le pays, vous écouterez les actualités et vous prierez ardemment pour la population indienne.

Aussi sûrement qu'un compas indique toujours le nord, votre cœur pointera toujours dans la direction de votre trésor. L'argent dirige et le cœur suit docilement.

Lorsque des chrétiens me disent : « J'aimerais avoir un cœur plus sensible aux missions », je leur réponds toujours : « Jésus nous a indiqué exactement comment l'obtenir. Donnez de l'argent aux missions (ainsi qu'aux pauvres et à votre église) et votre cœur suivra ».

Désirez-vous vous soucier davantage des questions éternelles ? Réaffectez une partie de votre argent – peut-être même la majeure partie de vos biens – aux choses éternelles plutôt qu'aux choses temporelles. Et voyez ce qui se passe.

Dieu veut notre cœur. Il ne cherche pas seulement des « donateurs » pour son Royaume, qui restent à l'écart des bonnes causes en consentant froidement à quelques actes philanthropiques. Il cherche des disciples immergés dans les causes qu'ils soutiennent. Il désire un peuple à ce point rempli de la vision de l'éternité qu'en aucun cas, il n'envisagerait d'investir son argent, son temps et ses prières ailleurs que là où ils sont le plus rentables.

Il va de soi que notre argent doit avoir d'autres affectations que les dons. Nous devons nourrir, vêtir, loger et véhiculer notre famille. Mais une fois que nos besoins élémentaires sont couverts, pourquoi ne pas consacrer le reste à des trésors célestes ?

Moïse a quitté les trésors de l'Égypte parce qu'il avait « les yeux fixés sur la récompense à venir » (Hébreux 11 : 26).

Celui qui amasse des trésors sur la terre passe sa vie à s'en éloigner. Pour lui, la mort sera une perte.

Celui qui amasse des trésors au ciel attend l'éternité avec impatience ; il se rapproche chaque jour de ses trésors. Pour lui, la mort sera un gain.

Celui qui passe sa vie à s'éloigner de ses trésors a des raisons de désespérer. Celui qui passe sa vie à s'en rapprocher a des raisons de se réjouir.

Et vous ? Êtes-vous en train de désespérer ou de vous réjouir ?

CHAPITRE 4

# Les obstacles à la générosité

*Gardez-vous avec soin du désir de posséder, sous toutes ses formes, car la vie d'un homme, si riche soit-il, ne dépend pas de ses biens.* – Luc 12:15

Nous savons que Jésus nous demande de donner. Et nous savons qu'il nous offre de grandes récompenses en réponse à notre générosité. Dès lors, pourquoi est-ce si difficile ?

Il existe de nombreux obstacles sur la route de la libéralité : incrédulité, insécurité, orgueil, idolâtrie, soif de pouvoir et envie de contrôler. Il est difficile de nager à contre-courant à cause du puissant mouvement qui entraîne notre culture (et souvent nos églises). Il est jugé

« normal » de garder beaucoup plus que ce que nous donnons.

Je suis pourtant convaincu que le plus grand obstacle à notre libéralité est l'illusion que la terre est notre résidence permanente. Un constat qui nous amène à la prochaine clé du principe du trésor :

**Principe du trésor – Clé n° 3**

*Ma résidence permanente,*
*c'est le ciel, pas la terre.*

La Bible dit que nous sommes des voyageurs et des étrangers sur la terre (Hébreux 11 : 13). Nous sommes des ambassadeurs qui représentent notre véritable patrie (2 Corinthiens 5 : 20). « Nous sommes citoyens du Royaume des cieux » (Philippiens 3 : 20). Nous sommes citoyens d'une « meilleure patrie », une « patrie céleste » (Hébreux 11 : 16).

L'endroit où nous choisissons d'accumuler nos trésors dépend largement de l'endroit auquel nous pensons appartenir.

Imaginez la situation suivante : vous habitez en Australie et vous partez en France pour trois mois. Vous séjournez à l'hôtel. On vous annonce qu'il vous sera interdit de ramener quoi que ce soit chez vous, en Australie, sur votre vol de retour. Par contre, vous pouvez gagner de l'argent et le transférer chez vous en faisant des dépôts sur votre banque en Australie.

Remplirez-vous votre chambre d'hôtel de meubles luxueux et de décorations onéreuses ? Bien sûr que non. Vous enverrez votre argent là où se trouve votre résidence permanente. Vous ne dépenserez que le nécessaire dans votre résidence temporaire, préférant que vos biens véritables vous précèdent et vous attendent lorsque vous rentrerez chez vous.

Nos deux filles se sont mariées récemment. Partout dans le pays, amis et membres de la famille ont marqué une pause dans leur emploi du temps chargé pour nous rejoindre. Quand viendra le jour des noces du Roi, l'univers tout entier s'immobilisera (Apocalypse 19 : 7-9). Rien d'autre ne figurera à l'agenda céleste. L'époux de Nazareth et son épouse bien-aimée occuperont le centre de la scène.

Chaque jour de notre vie, nous avançons en direction de ces noces, nos noces ! Elles sont plus proches aujourd'hui qu'hier. Notre Époux, le charpentier, nous bâtit une maison au ciel. Tout ce que nous y expédions à l'avance nous attendra là-bas. C'est là notre cadeau de mariage à notre Époux mais, dans sa générosité, il nous rendra tous ces trésors.

Jésus est bâtisseur de son état. Il est aussi omniscient et omnipotent, des qualités précieuses dans le cadre d'un projet de construction ! Ne pensez-vous pas que la maison qu'il nous construit depuis 2000 ans déjà doit être extraordinaire ?

Paradoxalement, nous n'avons encore jamais vu notre résidence permanente. C'est pourtant le lieu pour lequel nous avons été faits, le lieu idéal pour nous.

Si nous nous laissions pénétrer par cette réalité, nous changerions à jamais notre façon de penser et de vivre. Nous cesserions d'accumuler des trésors dans nos chambres d'hôtel terrestres et nous commencerions à expédier davantage de biens vers notre véritable résidence pour qu'ils nous y précèdent.

## *Le plus de jouets*

Je vous emmène faire un petit tour en voiture. Vous venez ? Après avoir parcouru quelques kilomètres, nous quittons la route, franchissons un grand portail et nous immobilisons derrière une file de camions. Ces véhicules sont remplis d'ordinateurs, de matériel hi-fi, de meubles, d'électroménager, de bibelots et de jouets.

Nous dépassons la file d'attente et parvenons au sommet de la colline. Vous remarquez que les chauffeurs déchargent leur chargement sur un parking. Vous observez un homme qui prend un ordinateur dans sa voiture, se dirige vers une extrémité du parking et jette son ordinateur par-dessus le parapet.

Décidé à découvrir ce qui se passe, vous sortez du véhicule et jetez un œil dans le précipice. Vous apercevez alors au pied de la montagne un gigantesque trou rempli de… bric-à-brac. Enfin, vous comprenez. Vous êtes devant une décharge, un dépotoir, le cimetière des objets de la vie.

Tôt ou tard, tout ce que nous possédons aboutira à cet endroit. Cadeaux de Noël et d'anniversaire. Voitures, bateaux et camping-cars. Vêtements, chaînes hi-fi et barbecues. Pour préserver certains trésors, des enfants se sont querellés, des amitiés ont été brisées, l'honnêteté a été sacrifiée et des mariages ont été cassés… Tout finira ici. (Je vous conseille d'emmener votre famille visiter une décharge. Cela aura des répercussions profondes.)

Il semblerait que des millions d'individus cherchent à accumuler le plus de jouets possible avant la fin de leur vie. Pourtant, lorsqu'ils mourront après avoir consacré leur vie à acquérir des biens, ils seront perdants. Ils entreront dans l'éternité, mais leurs jouets resteront derrière eux et iront remplir les dépotoirs. La société se trompe d'objectif.

S'il fallait dessiner chacune de nos vies, je choisirais un point et une ligne. Notre vie comporte deux phases : l'une est un point, l'autre est une ligne partant de ce point.

Notre vie présente sur la terre, c'est le point. Elle commence et se termine. Elle est brève. Mais à partir de ce point, une ligne part vers l'infini. Cette ligne, c'est l'éternité, que les chrétiens passeront au ciel.

Actuellement, nous vivons *dans* le point, mais pour *quoi* vivons-nous ? L'individu qui a une vision à court terme vit pour le point, mais celui qui voit la vie sous un autre angle vit pour la ligne.

Cette terre (et le temps que j'y passerai) est le point. Mon Époux bien-aimé, les noces à venir, les grandes retrouvailles et mon lieu de résidence éternelle sous les nouveaux cieux et sur la nouvelle terre se situent tous sur la ligne. Voici donc la clé suivante :

**Principe du trésor – Clé n° 4**

*Je dois vivre pour la ligne*
*et non pour le point.*

La personne qui vit pour le point vit pour des trésors terrestres qui finiront au rebut. Celle qui vit pour la ligne vit pour des trésors célestes qui n'auront pas de fin.

Donner, c'est vivre pour la ligne.

Nous devrons tous nous séparer de notre argent. La seule question est de savoir quand. Plus tard, nous n'aurons pas d'autre choix que de nous en séparer, mais nous pouvons choisir de nous en séparer ou non *maintenant*. Nous pouvons choisir de conserver nos trésors terrestres pour l'heure et nous pouvons en tirer une certaine joie temporaire. Toutefois, si nous les donnons, nous apprécierons des trésors éternels qui ne pourront jamais nous être ôtés.

C'était précisément le propos de Jim Elliot, ce missionnaire qui fut assassiné avec quatre collègues par la tribu Aucas en 1955, lorsqu'il disait: «Il n'est pas fou celui qui donne ce qu'il ne peut conserver pour obtenir ce qu'il ne pourra pas perdre». En lisant ces mots, si vous vous dites: «OK, ce type est du genre missionnaire super-spirituel qui ne s'intéresse absolument pas au profit», vous n'avez pas compris le sens de sa remarque. Relisez-la. Le profit était *exactement* ce qu'il avait à l'esprit! Mais il désirait un profit qu'il ne pouvait pas perdre. Il recherchait des trésors célestes.

Vivons pour la ligne et non pour le point.

## *Prisonnier des biens matériels*

Aux États-Unis, une émission de télévision intitulée *Affluenza* traite de ce qu'elle appelle « la plaie moderne du matérialisme ». Elle fait le constat suivant :

- L'Américain moyen passe six heures par semaine à faire des achats, mais seulement quarante minutes à jouer avec ses enfants.
- À l'âge de vingt ans, un Américain a visionné un million de spots publicitaires.
- Récemment, les Américains qui se sont déclarés en faillite personnelle ont surpassé en nombre ceux qui ont décroché un diplôme universitaire.
- Dans 90 % des cas de divorce, les conflits relatifs à l'argent jouent un rôle prédominant.

Ce qui m'a frappé dans cette émission, c'est qu'elle ne dénonçait pas le matérialisme pour des raisons morales, mais pour des motifs pragmatiques : les biens matériels ne nous rendent pas heureux.

Voyez les propos tenus par quelques-uns des hommes les plus riches de leur époque :

- « Les soucis liés à la gestion de 200 millions de dollars tueraient n'importe quel individu. Cela ne procure aucun plaisir » – W. H. Vanderbilt (1821-1885, financier américain).
- « Je suis le plus malheureux des hommes sur la terre » – John Jacob Astor (1864-1912, homme

d'affaires américain très fortuné qui périt dans le naufrage du Titanic).

- « J'ai gagné des millions, mais ils ne m'ont pas apporté le bonheur » – John D. Rockefeller (1839-1937, industriel américain qui a fait fortune dans l'industrie du pétrole).
- « Les millionnaires sourient rarement » – Andrew Carnegie (1835-1919, industriel et philanthrope britannique naturalisé américain, surnommé « L'homme le plus riche du monde »).
- « J'étais plus heureux lorsque j'étais mécanicien » – Henry Ford (1863-1947, industriel de l'automobile, l'une des plus grandes fortunes de son temps).

N'avez-vous jamais entendu parler de gagnants du loto qui sont plus malheureux quelques années après leur gain qu'auparavant ? La richesse dans laquelle ils rêvaient de puiser leur bonheur s'est révélée incapable de les satisfaire. Totalement incapable.

Dans un aéroport, l'un de mes amis rencontra une connaissance qui lui parut préoccupée.

– Que t'arrive-t-il ? demanda mon ami.

– Je pensais pouvoir enfin profiter d'un week-end de détente, répondit l'homme en soupirant. Mais je dois aller superviser les travaux de réparation de ma propriété en Floride.

Abattu, il attendait que son jet privé soit prêt à décoller.

Cet homme possédait tout ce dont il avait besoin, tout ce dont la plupart des gens rêvent, mais il ne pouvait pourtant pas apprécier son week-end. Il était l'esclave de ses biens. Nous pensons posséder nos biens, mais très souvent, ce sont eux qui nous possèdent.

Rien ne rend une randonnée plus pénible qu'un sac à dos pesant, rempli de choses inutiles. Les pèlerins voyagent léger.

## *La tyrannie des objets*

Nanci et moi vivons dans notre maison depuis vingt-trois ans. Pendant les neuf premières années, le sol du salon était couvert d'une horrible moquette orange. Nous n'avions pas à nous soucier de ce qui pouvait l'endommager. Le jour où nous avons enfin posé une nouvelle moquette, quelqu'un a allumé une bougie. L'allumette est tombée et a troué la nouvelle moquette en se consumant.

La veille encore, nous aurions haussé les épaules mais désormais, nous étions furieux. Nous portions-nous mieux avec notre jolie moquette toute neuve ?

Chaque objet que nous achetons est un objet de plus dont nous devons nous préoccuper et que nous devons nettoyer, réparer, rénover et remplacer.

Si je recevais gratuitement un poste de télévision, que devrais-je faire ? Accrocher une antenne sur le toit ou souscrire aux chaînes câblées. Acheter un lecteur DVD et louer des films. Installer des haut-parleurs. Il me faudrait aussi un divan pour regarder mes émissions préférées à mon aise. Tout ceci coûterait de l'argent, mais consommerait aussi énormément de temps, d'énergie et d'attention.

Le temps consacré à ma télévision et à ses divers accessoires réduirait celui que je consacrais à communiquer avec ma famille, à lire la Parole, à prier, à ouvrir notre maison ou à venir en aide aux plus démunis.

Quel serait donc le coût réel de ma télévision « gratuite » ?

L'acquisition d'un bien peut m'amener à redéfinir mes priorités. Si j'achetais un bateau, je voudrais justifier mon achat en l'utilisant, ce qui impliquerait des absences fréquentes le week-end, loin de ma famille ou de mon église, et l'impossibilité d'assister au match de basket de ma fille, d'enseigner à l'école du dimanche ou de faire du bénévolat.

Le problème n'est pas le bateau ou la télévision. Le problème, c'est moi. La tyrannie des objets est une des lois de l'existence.

## *À la poursuite du vent*

Dans Ecclésiaste 5:9-14, Salomon nous transmet toute une série de constats pertinents. Permettez-moi de paraphraser chacun d'eux :

- « Qui aime l'argent n'en aura jamais assez » (v. 9). *Plus on en a, plus on en veut.*
- « Qui se complaît dans l'abondance ne sera jamais satisfait de ses revenus » (v. 9). *Plus on en a, moins on est satisfait.*
- « Plus on possède de biens, plus se multiplient les profiteurs » (v. 10). *Plus on en a, plus les gens (y compris le gouvernement) cherchent à s'en emparer.*
- « Et quel avantage en tire leur possesseur si ce n'est le spectacle qu'ils lui offrent ? » (v. 10). *Plus on en a, plus on comprend qu'il ne procure aucun bien.*
- « Doux est le sommeil du travailleur, qu'il ait peu ou beaucoup à manger, mais l'abondance du riche l'empêche de dormir » (v. 11). *Plus on en a, plus on s'en inquiète.*
- « J'ai vu sous le soleil une calamité affligeante : il arrive que les richesses conservées par un homme fassent son malheur » (v. 12). *Plus on en a, plus on souffre en s'y accrochant.*
- « Qu'elles viennent à se perdre à cause de quelque mauvaise affaire, et il ne lui en reste rien » (v. 13). *Plus on en a, plus on a à perdre.*

- « Il est sorti nu du sein de sa mère, et il partira comme il est venu, sans emporter dans ses mains une miette du fruit de son labeur » (v. 14). *Plus on en a, plus on laisse derrière soi.*

Salomon était l'homme le plus riche de la terre. Il avait pourtant appris que l'abondance ne satisfait pas. La richesse lui offrait seulement des occasions plus grandes de poursuivre des mirages. La plupart des hommes tombent à court d'argent avant qu'ils ne tombent à court de mirages. Ils s'accrochent donc obstinément à l'idée que ce qu'ils ne peuvent pas s'offrir pourrait les satisfaire. Salomon n'a jamais manqué d'argent. Il a tout essayé, ce qui lui a permis d'affirmer : « Je ne me suis rien refusé de tout ce que je voyais. Je ne me suis privé d'aucun plaisir » (Ecclésiaste 2 : 10).

Sa conclusion ? « Puis j'ai considéré l'ensemble de mes réalisations, et toute la peine que je m'étais donnée pour les accomplir. Et je me suis rendu compte que tout est dérisoire : autant courir après le vent. Il n'y a aucun avantage à tout ce qu'on fait sous le soleil » (v. 11).

Pourquoi restons-nous dans l'illusion ? Parce que notre cœur aspire à des trésors ici et maintenant. Nous sommes tentés de croire que les trésors terrestres exposés autour de nous sont les véritables trésors et non leur pâle reflet.

Les trésors terrestres peuvent toutefois devenir célestes. Le pasteur A. W. Tozer (1897-1963) a écrit :

> Un objet aussi élémentaire que l'argent peut être transmuté en trésor éternel. Il peut être converti en nourriture pour les affamés et en vêtements pour les démunis ; il peut permettre à un missionnaire de continuer activement à gagner des âmes à la lumière de l'Évangile et ainsi se transformer en devises éternelles. La moindre possession matérielle peut être changée en richesse éternelle. Tout ce qui est donné au Christ est immédiatement frappé d'immortalité [1].

Si l'accumulation des biens matériels est une maladie, quel est son remède ? Si le matérialisme est un poison, quel est l'antidote ? Paul apporte une réponse :

> Recommande à ceux qui possèdent des richesses en ce monde de se garder de toute arrogance et de ne pas fonder leur espoir sur la richesse, car elle est instable. Qu'ils placent leur espérance en Dieu, qui nous dispense généreusement toutes ses richesses pour que nous en jouissions. Recommande-leur de faire le bien, d'être riches en œuvres bonnes, d'être généreux et de partager avec les autres. Ils s'assureront ainsi pour l'avenir un beau capital placé en lieu sûr afin d'obtenir la vraie vie.
>
> 1 TIMOTHÉE 6 : 17-19

Remarquez de quelle façon Paul nous ramène au principe du trésor. En évoquant le fait de donner pour s'assurer « pour l'avenir un beau capital placé en lieu sûr afin d'obtenir la vraie vie », il songe incontestablement aux paroles de Jésus dans Matthieu 6.

---

[1] TOZER A.W., *The transmutation of Wealth, Born after Midnight*, Harrisburg, Christian Publications, 1959, p. 107. Traduction libre.

Je garde une petite carte dans mon portefeuille. Au recto figure ce principe : « Dieu possède toute richesse. Je suis son gestionnaire de placement », suivi par trois passages bibliques. Au verso, il est dit : « Dieu veut que j'utilise les trésors terrestres pour amasser des trésors célestes ». Viennent ensuite les paroles de Jésus en Matthieu 6 et celles de Paul dans 1 Timothée 6. En gardant cette carte à proximité de mes liquidités, je me rappelle ce qui compte vraiment.

Paul dit que le fait d'être « généreux », de « partager avec les autres » et d'être « riches en bonnes œuvres » nous permet de nous assurer « un beau capital placé en lieu sûr afin d'obtenir la vraie vie ». Quelle est l'autre option ? Une vie de second choix, celle du matérialisme.

Ce constat nous amène à la cinquième clé du principe du trésor :

**Principe du trésor – Clé n° 5**

*Donner est le seul antidote au matérialisme.*

En donnant, nous nous rappelons constamment que l'essentiel dans cette vie, c'est bien Dieu et non pas nous. Nous disons : « Ce n'est pas moi qui importe, mais

Dieu. Ce n'est pas pour moi qu'il existe ; par contre, moi, j'existe pour lui ». L'argent de Dieu est prévu pour un but bien plus noble que mon enrichissement personnel. Donner revient à s'abandonner joyeusement à un être et à un projet infiniment plus grands que nous. Ma libéralité me permet de réaffirmer la souveraineté de Dieu. Lorsque je donne, je me dépouille de tout pouvoir et je le glorifie. Je brise les liens de Mammon qui m'auraient autrement réduit en esclavage.

Tant que je possède encore quelque chose, je crois que cela m'appartient, mais si j'en fais don, je renonce à tout contrôle, à tout pouvoir et à tout prestige. Au moment où j'ouvre la main, la lumière se fait. Le sort est rompu. Mon esprit voit clair. Je reconnais en Dieu le véritable propriétaire, je vois en moi un serviteur et je considère les autres comme autant de bénéficiaires potentiels des biens que Dieu m'a confiés.

La libéralité ne me prive pas d'intérêts potentiels car elle transfère au contraire mes intérêts acquis de la terre vers le ciel, de moi vers Dieu.

Bien entendu, l'argent n'est pas la seule chose que je puisse donner. Le temps, la sagesse et les compétences sont des dons merveilleux. Le don sous toutes ses formes brise la fièvre du matérialisme. La générosité me libère de l'emprise gravitationnelle de l'argent et des possessions matérielles. Le don m'amène vers un nouveau centre de gravité : le ciel.

## *Des pâtés de boue dans une décharge*

Après avoir mis en exergue la pauvreté spirituelle dissimulée derrière la richesse des habitants de Laodicée, Jésus leur propose des trésors véritables : « C'est pourquoi je te donne un conseil : achète chez moi de l'or purifié au feu pour devenir réellement riche » (Apocalypse 3 : 18).

Lorsque Jésus reviendra, « les éléments, embrasés par le feu se désagrégeront et tout ce qui a été fait sur la terre se trouvera jugé » (2 Pierre 3 : 10). Cette perspective vous paraît-elle déprimante ? Elle le *serait* si ce monde était notre résidence permanente, mais ce n'est pas le cas ! Elle *serait* déprimante si nous ne pouvions pas utiliser notre vie et nos ressources pour faire une différence pour l'éternité, mais nous le pouvons !

L'écrivain C. S. Lewis (1898-1963) l'exprime en ces termes :

> Nous sommes des créatures au cœur partagé, puisant notre plaisir dans l'alcool, le sexe et l'ambition alors qu'une joie infinie nous est offerte, tel un enfant ignorant qui s'obstinerait à faire des pâtés de boue dans une décharge parce qu'il est incapable d'imaginer les plaisirs de vacances au bord de la mer. Nous sommes trop facilement satisfaits [2].

---

[2] LEWIS C. S., *The Weight of Glory*, NY, MacMillan, 1949, p 3-4. Traduction libre.

Beaucoup de chrétiens se sont résignés à une vie d'acquisitions matérielles insatisfaisantes, comme s'ils faisaient des pâtés de boue dans une décharge.

Il existe des plaisirs tellement supérieurs à tout ce que le monde peut nous offrir : des trésors éternels et une joie débordante.

Vous désirez ces trésors et cette joie ? Peut-être vous posez-vous encore quelques questions pratiques sur le don ou peut-être ignorez-vous par où commencer.

Dans ce cas, poursuivez votre lecture.

CHAPITRE 5

# Par où commencer ?

*J'ai tenu beaucoup de choses dans les mains et je les ai toutes perdues, mais je possède encore tout ce que j'ai placé entre les mains de Dieu.* – Martin Luther

Au grand étonnement de tous, Sam Houston, soldat et homme politique haut en couleur, est venu au Christ. Après son baptême, Houston a déclaré vouloir payer la moitié du salaire du pasteur local. Interrogé sur la raison de son geste, il a répondu : « Mon portefeuille s'est fait baptiser en même temps que moi ».

Comme Sam Houston, vous comprenez que la vie chrétienne est indissociable du don d'argent, mais vous vous demandez peut-être par où commencer.

Il serait logique de commencer là où Dieu l'a fait avec ses enfants sous l'ancienne alliance : « Toute dîme prélevée sur les produits de la terre et sur les fruits des arbres appartient à l'éternel : c'est une chose sacrée qui est à lui » (Lévitique 27 : 30).

Le mot « dîme » signifie « un dixième ». 10 % devaient donc être rendus à Dieu. Il existait aussi des offrandes volontaires, mais ces 10 % étaient obligatoires.

Proverbes 3 : 9 déclare : « Honore l'éternel en lui donnant une part de tes biens et en lui offrant les *prémices* de tous tes revenus » (italique ajouté). Les enfants de Dieu lui offrent une part de leurs biens en premier lieu et non en dernier lieu.

Alors que ses enfants ne versaient pas les dons prescrits, Dieu a dit : « Un homme peut-il voler Dieu ? Pourtant, vous me volez, et puis vous demandez : « En quoi t'avons-nous donc volé ? » Lorsque vous retenez vos offrandes et vos dîmes ! Vous êtes sous le coup d'une malédiction parce que tout ce peuple, vous tous, vous me volez. Apportez donc vos dîmes dans leur totalité dans le trésor du Temple pour qu'il y ait des vivres dans ma demeure ! » (Malachie 3 : 8-10).

Jésus a confirmé la dîme obligatoire, même sur les petits revenus (Matthieu 23 : 23), mais plus aucune mention n'en est faite ensuite dans les récits de l'Évangile. Elle n'est ni ordonnée ni abrogée et les chrétiens débattent avec passion pour savoir si oui ou non la dîme reste un principe de base à appliquer à la libéralité.

J'ai un avis partagé sur la question. Je déteste le légalisme. Je ne cherche absolument pas à essayer de verser du vin nouveau dans de vieilles outres, en imposant aux chrétiens des restrictions dépassées issues de l'ancienne alliance. Mais chaque exemple de libéralité tiré du Nouveau Testament dépasse largement la notion de dîme. Et aucun ne lui est inférieur.

Le principe qui consiste à donner à Dieu nos prémices exprime une vérité intemporelle. La dîme reste-t-elle ou non la proportion minimum à appliquer à ces prémices ? Je me demande tout de même si Dieu attend de ses enfants de la nouvelle alliance qu'ils donnent moins ou plus ? Jésus a toujours placé la barre spirituelle plus haut, jamais plus bas (Matthieu 5 : 27-28).

## *Des petites roues de bicyclette*

Vous êtes peut-être uniquement partisan de la « libéralité sous la grâce » et vous vous démarquez des Pères de l'Église comme Origène, Jérôme et Augustin qui enseignèrent que la dîme était le minimum requis pour les chrétiens. Il semble toutefois judicieux de se demander : « Dieu, attends-tu vraiment moins de moi (qui possède ton Saint-Esprit et qui vis dans l'une des sociétés les plus riches de l'Histoire) que tu l'exigeais des Israélites les plus pauvres ? »

Pratiquement toutes les études indiquent que les chrétiens américains donnent en moyenne entre 2 et 3 % de leur revenu. Une étude réalisée en 2001 conclut :

> Parmi les adultes nés de nouveau, une augmentation de 40 % a été observée parmi ceux qui n'ont rien donné l'année dernière. En comparaison de 1999, le don moyen par personne en faveur des églises a chuté de 19 % en 2000. Un tiers des adultes nés de nouveau affirment avoir versé leur dîme en 2000, mais la comparaison entre les dons réels et les revenus des ménages révèle qu'un huitième d'entre eux seulement l'ont fait[3].

Ne trouvez-vous pas gênant qu'au sein d'une société aussi riche que la nôtre, les dons versés sous la grâce ne représentent qu'une petite proportion de la norme imposée sous la première alliance ? Peu importe ce que nous enseignons aujourd'hui sur la libéralité, soit notre enseignement n'est pas fidèle aux Écritures, soit le message ne passe pas, soit nous désobéissons.

La dîme est la méthode traditionnellement utilisée par Dieu pour nous mettre sur le chemin de la libéralité. En ce sens, elle permet d'accéder à la joie procurée par le don sous la grâce. Il est malsain de considérer la dîme comme un aboutissement, alors qu'elle pourrait n'être qu'un point de départ. (Même sous la première alliance,

---

[3] *Barna Research Update*, 5 juin 2001, http://www.barna.org.
*Note de l'éditeur* : il n'existe aucune étude approfondie concernant la dîme dans les pays francophones européens à notre connaissance.

elle n'exprimait pas une limite supérieure car il fallait y ajouter les offrandes volontaires.)

La dîme n'est pas le plafond du don, mais son plancher. Elle ne marque pas la ligne d'arrivée de la libéralité, mais son point de départ. Les dîmes peuvent être comparées aux petites roues fixées sur la bicyclette des enfants pour les aider à acquérir la technique et les réflexes du don sous la grâce.

Malachie a affirmé que les Israélites volaient Dieu en conservant non seulement leurs dîmes obligatoires, mais aussi leurs offrandes volontaires. En donnant moins que ce qu'il attendait d'eux, ils volaient Dieu. S'ils volaient Dieu par l'insuffisance de leurs dons, ne serait-ce pas aussi notre cas aujourd'hui ?

Paul a encouragé les offrandes volontaires, tout en qualifiant cette forme de libéralité « d'obéissance » (2 Corinthiens 9 : 13). Dieu nourrit des attentes à notre égard, même si nos dons sont volontaires. En lui donnant moins que ce qu'il attend de nous, nous le volons.

Il va de soi que Dieu n'attend pas de nous tous que nous restituions le même montant. Nous devons donner proportionnellement aux bénédictions qu'il a déversées sur nous (Deutéronome 16 : 10, 16-17).

Certains décrètent : « Je préfère procéder progressivement et commencer par 5 % ». Cette décision revient toutefois à dire : « J'avais coutume de dévaliser cinq épiceries par an. Cette année, avec l'aide de Dieu, je n'en dévaliserai que trois».

Le but n'est pas de moins voler Dieu, mais de ne plus le voler du tout.

Il est vrai que certains sacrifient davantage en donnant 5 % de leurs revenus que d'autres qui versent la dîme ou même 50 ou 90 % de leurs revenus. Il est évident que les plus riches ne devraient pas se satisfaire de la dîme car les 90 % restants de leurs biens appartiennent aussi à Dieu. Il ne regarde pas seulement ce que nous donnons, mais aussi ce que nous gardons.

J'ai eu le privilège de questionner beaucoup de donateurs. Dans la grande majorité des cas, ils ont d'abord appliqué le principe de la dîme avant d'être progressivement amenés à donner plus. Ils ont versé leur dîme, puis ils ont constaté que Dieu pourvoyait davantage. Ils ont pénétré plus profondément dans son Royaume. Après plusieurs années, ils ont commencé à donner 60, 80 voire même 95 % de leurs revenus ! C'est toutefois en commençant par la dîme qu'ils ont emprunté le chemin de la libéralité.

Quand les Israélites volaient l'éternel en retenant leurs dîmes et leurs offrandes, Dieu a dit : «Mettez-moi à l'épreuve [...] alors vous verrez bien si, de mon côté, je n'ouvre pas pour vous les écluses des cieux, et ne vous comble pas avec surabondance de ma bénédiction» (Malachie 3 : 10).

L'ironie de la situation, c'est que beaucoup ne peuvent se permettre de donner précisément parce qu'ils ne donnent pas (Aggée 1:9-11). Si nous commençons par régler nos dettes envers Dieu, nous attirons sa bénédiction pour nous aider à régler nos dettes envers les hommes. Par contre, si nous volons Dieu pour payer les hommes, nous nous privons de la bénédiction divine. Rien d'étonnant dès lors que nous manquions de moyens. C'est un cercle vicieux qui ne peut être brisé que par la foi obéissante.

Si des gens affirment ne pas pouvoir se permettre de verser leur dîme, je leur demande s'ils mourraient avec un revenu réduit de 10 %. La réponse est non et j'ajoute : « Dans ce cas, vous reconnaissez que vous pouvez vous permettre de verser la dîme, mais que vous ne voulez pas ».

Je ne prétends pas qu'il soit facile de donner. J'affirme (et des milliers de chrétiens pourraient confirmer) qu'il est beaucoup plus facile de vivre avec 90, 50 ou 10 % de ses revenus dans la volonté de Dieu que de vivre avec l'intégralité de ses biens en dehors de la volonté de Dieu.

La dîme est semblable aux premiers pas d'un bambin : ce ne sont ni les derniers ni les meilleurs des pas qu'il fera dans la vie, mais ils sont un bon début. Une fois que vous aurez appris à rouler à vélo, vous pourrez vous passer des petites roues stabilisatrices. Une fois que vous aurez appris à donner, le critère de la dîme deviendra superflu. Et si vous êtes capable de rouler à vélo sans jamais recourir aux stabilisateurs, tant mieux pour vous.

Je n'ai rien contre ceux qui refusent de se soumettre au principe de la dîme tant qu'il ne s'agit pas pour eux d'un prétexte pour donner moins. À mes yeux, les statistiques actuelles sur les dons versés par les chrétiens montrent toutefois clairement que la plupart d'entre nous ont besoin de relancer le moteur de leur libéralité. Si vous trouvez une approche plus efficace que la dîme, c'est parfait. Dans le cas contraire, pourquoi ne pas commencer là où Dieu l'a fait avec ses enfants de la première alliance ?

## *L'excellence du don*

Paul a dit : « Cherchez donc aussi à exceller dans cette œuvre de générosité » (2 Corinthiens 8 : 7). Comme jouer du piano, la libéralité est une aptitude que l'on peu acquérir ; plus vous l'exercez, plus vous vous améliorez. Nous pouvons apprendre à donner plus, plus souvent et plus stratégiquement. Nous nous encourageons les uns les autres à viser l'excellence dans le domaine professionnel. Pourquoi ne pas faire de la libéralité un sujet d'étude, de discussion et de perfectionnement, en vue de parvenir aussi à un niveau d'excellence ?

Les croyants de Macédoine ont donné « jusqu'à la limite de leurs moyens, et même au-delà » (2 Corinthiens 8 : 3). Que signifie *donner au-delà de ses moyens* ? Cela signifie porter nos dons au-delà du point où les factures s'additionnent. Cela signifie donner quand les calculs disent que nous ne pouvons pas nous le permettre.

Lors d'une conférence missionnaire, l'orateur mit le public au défi de donner un million d'euros pour contribuer à l'œuvre du Seigneur dans le monde. Ce montant était irréaliste aux yeux d'un certain Scott Lewis présent dans la salle, parce qu'il dépassait de très loin tout ce qu'il pouvait imaginer. En effet, son entreprise de machines-outils produisait un revenu inférieur à 50 000 euros par an.

L'orateur lui demanda combien il avait donné l'année précédente et Scott a fièrement répondu : « Mon entreprise a donné 17 000 euros, soit environ 35 % de ses revenus ! »

Sans ciller, l'orateur suggéra : « Pourquoi ne te fixes-tu pas pour objectif de donner 50 000 euros l'année prochaine ? »

Scott se dit que l'homme n'avait pas bien compris. C'était plus que ce qu'il avait gagné en une année entière ! Scott et son épouse décidèrent pourtant de remettre ce défi à Dieu, en lui demandant de faire l'impossible. Dieu a pourvu de façon incroyable et les Lewis ont pu donner 50 000 euros ! L'année suivante, ils se fixèrent pour objectif de verser 100 000 euros. Une fois encore, Dieu a pourvu.

En 2001, Scott m'a écrit pour m'annoncer qu'ils venaient de franchir la barre du million d'euros. Le plus réjouissant est qu'ils ne s'arrêtent pas là. Voilà ce que j'appelle *savoir donner*.

## *Donner maintenant ou donner plus tard ?*

Les gens me demandent parfois : « Dois-je donner maintenant ou attendre que mes placements rapportent pour avoir plus d'argent à verser dans un an ou deux ? »

Je réponds en posant à mon tour deux questions : « Dans quelle mesure êtes-vous pressé de connaître la bénédiction de Dieu ? » et « Voulez-vous être sûr que votre argent sera investi dans le Royaume de Dieu ou êtes-vous prêt à risquer l'inverse ? »

Lorsque nous nous tiendrons devant Dieu, je ne crois pas qu'il nous adressera ce reproche : « Tu as tout gâché en me donnant cet argent avant que la bourse crève le plafond ! »

D'après moi, le moment n'est jamais mal choisi pour donner. Avec un intérêt de 10 000 % (Matthieu 19 : 29), Dieu peut produire avec notre argent investi au ciel aujourd'hui un rendement que la bourse ou l'immobilier n'atteindront jamais.

Si nous ne donnons pas aujourd'hui, nous prenons certains risques concrets :

- La situation économique peut évoluer et nous contraindre à réduire le montant de nos dons. En effet, Dieu dit que nous ignorons ce qui arrivera demain (Jacques 4 : 13-17). D'innombrables investisseurs étaient « absolument certains » d'obtenir un bon rendement sur des montants qui ont disparu du jour au lendemain.
- Notre cœur peut changer et nous pourrions ne pas respecter notre décision. Zachée a décidé de verser sans attendre la moitié de ses biens aux pauvres. Si vous reportez à plus tard, le cœur qui vous pousse à donner aujourd'hui pourrait vous convaincre de ne pas le faire demain. Pourquoi ? Parce que la décision de reporter votre don a permis à votre cœur d'accumuler des intérêts sur la terre et non au ciel.
- Notre vie pourrait nous être redemandée avant que nous ayons donné ce que nous avions l'intention de donner.

À ce propos, vous vous dites peut-être : « Aucun problème, j'ai inscrit mon église et les ministères que je soutiens dans mon testament ». Bien ! Utilisez tous les moyens pour planifier votre succession et donner abondamment au Royaume de Dieu. Mais est-ce que cela coûte quelque chose de se séparer de son argent *après* sa mort ? Vous n'avez plus d'autre choix à ce moment-là !

La mort n'est pas la meilleure des occasions pour donner, mais bien la dernière. Dieu récompense les actes de foi posés de notre vivant.

Nous devons aussi examiner soigneusement, de notre vivant, la qualité des organisations auxquels nous donnons de l'argent. J'abonde dans le sens de ce conseiller financier qui affirme :

> Tant que tu es encore là, donne à celui qui n'a pas.
> C'est ainsi que tu sais qui va l'utiliser.

John Wesley a dit :

> L'argent ne s'attarde jamais chez moi. Il me brûlerait les doigts. Je m'en débarrasse dès que possible de crainte qu'il ne trouve un chemin jusqu'à mon cœur.

Wesley a perçu des droits d'auteur significatifs de son vivant, mais il a donné avec tant de générosité qu'il ne restait pratiquement plus rien à sa mort. Il a atteint son objectif. Alors qu'il avait encore de la valeur, il a échangé son argent confédéré contre des trésors célestes.

Lorsque le Seigneur reviendra, qu'adviendra-t-il de tout l'argent déposé sur des comptes bancaires ou investi dans des épargnes-retraites, des biens immobiliers ou des organisations caritatives ? Il se consumera comme le bois, le foin et la paille alors qu'il aurait pu être échangé contre de l'or, de l'argent et des pierres précieuses. L'argent qui aurait pu servir à nourrir les affamés et à accomplir la grande mission confiée par Jésus aux disciples s'envolera en fumée.

Avez-vous déjà joué à l'un de ces jeux de cartes où le gagnant est celui qui se débarrasse le premier de toutes ses cartes ? À la fin de la partie, les joueurs perdent un point par carte restant en leur possession. Dans notre société capitaliste moderne, le rêve consiste à mourir avec le plus de cartes possible. Et si nous nous trompions complètement ? Peut-être devrions-nous plutôt adopter la stratégie de John Wesley et ne pas nous encombrer de toutes ces cartes à la fin de notre vie.

## *Que laisserons-nous à nos enfants ?*

« Et les enfants ? Ne sommes-nous pas censés leur laisser tout notre argent ? »

La réponse est non.

Ce que Nanci et moi laisserons à nos filles à notre mort représentera pour elles un petit coup de pouce financier, sans plus. Cela ne va certainement pas transformer leur style de vie ou leur éviter de devoir prier régulièrement avec leur mari et de dépendre d'eux. Nous leur avons expliqué notre point de vue. Elles ont bien compris et sont tout à fait d'accord avec notre idée de donner la plus grosse partie de nos biens pour le Royaume de Dieu.

Léguer un héritage important à sa progéniture n'est pas seulement une occasion manquée d'investir dans le Royaume de Dieu, mais souvent aussi un mauvais service rendu aux enfants.

À cet égard, d'innombrables cas tragiques m'ont été rapportés au fil des années. Songez à ceux qui ont hérité de moyens significatifs et vous constaterez que, dans la grande majorité des cas, l'héritage les a rendus plus malheureux, plus avares et plus cyniques. Pourquoi travailler dur quand on dispose de tant d'argent ? L'aisance financière alimente de nouvelles tentations et peut ouvrir la voie à certaines dépendances. Si vous donnez de l'argent à une personne dépensière, vous lui jetez de l'huile sur le feu. Et rien ne divise plus vite des frères et sœurs qu'un héritage abondant. Laisser davantage au Royaume de Dieu et moins à des enfants financièrement indépendants est non seulement un acte d'amour envers Dieu, mais aussi envers eux.

À l'époque de l'Ancien Testament, il était essentiel de léguer quelque chose (Proverbes 13 : 22) parce que les enfants ne pouvaient pas se permettre d'acheter leurs propres terres et pouvaient tomber dans l'esclavage ou se trouver dans l'incapacité de subvenir aux besoins de leurs parents. Aujourd'hui, par contre, les héritages sont souvent des mannes tombées du ciel entre les mains de personnes financièrement indépendantes, qui possèdent déjà plus qu'elles n'ont besoin.

Andrew Carnegie a dit :

Le tout-puissant dollar légué à un enfant est une toute-puissante malédiction. Nul homme n'a le droit d'infliger à son fils un fardeau aussi terrible que la richesse.

Vos enfants doivent aimer le Seigneur, travailler dur et connaître la joie de dépendre de Dieu. Léguer à ses enfants un héritage spirituel importe davantage que leur léguer un héritage financier. Si vous laissiez à vos enfants de l'argent dont ils n'ont pas besoin et s'ils réfléchissaient avec sagesse, ne choisiraient-ils pas de le donner à Dieu de toute façon ? Dès lors, pourquoi ne pas le donner vous-même puisque c'est à vous qu'il a été confié ?

Laissez Dieu décider de ce qu'il confiera à vos enfants adultes. S'ils subviennent à leurs besoins, l'argent que vous avez engrangé grâce à la providence divine n'appartient pas à vos enfants, mais à Dieu. Imaginez un instant : si votre gestionnaire financier venait à mourir, que diriez-vous s'il léguait tout *votre* argent à *sa* propre descendance ?

## *Pourquoi Dieu nous a-t-il confié autant ?*

Jésus a dit :

Donnez, et l'on vous donnera, on versera dans le pan de votre vêtement une bonne mesure bien tassée, secouée et débordante ; car on emploiera, à votre égard, la mesure dont vous vous serez servis pour mesurer » (Luc 6 : 38).

Plus nous donnons, plus nous recevrons en retour, parce que Dieu est le plus généreux donateur de l'univers et parce qu'il ne permettra pas que nous donnions plus que lui. Essayez et voyez ce qui se produit.

Le riche industriel américain R. G. LeTourneau (1888-1969) avait mis au point plusieurs modèles de bulldozer. Il donnait 90 % de son revenu, mais l'argent entrait plus vite qu'il ne pouvait en faire don : « Je pelletais mon argent vers lui et Dieu pelletait de l'argent vers moi en retour, mais son bulldozer était beaucoup plus grand que le mien ! »

L'évangile de santé et de prospérité[4] déshonore le Christ car tout Évangile qui serait vrai dans un pays riche, mais pas dans un pays en voie de développement, n'est pas le véritable Évangile. La théologie de la prospérité s'appuie sur une demi-vérité. Dieu accorde souvent la prospérité matérielle aux donateurs, mais il ne permet pas que nous le considérions comme un distributeur automatique ou un génie cosmique, soumis à nos exigences. Tout don est un sacrifice qui peut parfois se révéler douloureux. La récompense de Dieu est très concrète, mais elle se présente à nous « au bon moment ». Un dé-

---

[4] Ce faux évangile appelé aussi « évangile du succès » affirme qu'être malade ou pauvre provient tout simplement d'un manque de foi. Si un chrétien souffre, c'est de sa faute. S'il n'est pas riche, c'est qu'il est désobéissant. Cet évangile promet l'enrichissement à ceux qui donnent des offrandes aux prédicateurs.

lai qui pourrait bien correspondre à l'éternité, et non à aujourd'hui ou à demain (voir Galates 6:9).

Dieu a déversé sur nous des bénédictions matérielles considérables. Vous êtes-vous jamais demandé pourquoi il nous avait confié autant ? Cessez de vous poser la question. Paul nous dit exactement pourquoi il nous a confié plus d'argent que nécessaire :

> Celui qui fournit la semence au semeur et lui donne le pain dont il se nourrit vous donnera aussi, avec largesse, toute la semence nécessaire et fera croître les fruits de votre générosité. Ainsi vous deviendrez riches de tous les biens et vous pourrez...
>
> 2 CORINTHIENS 9:10-11

Vous pourrez quoi ? Comment se termine cette phrase ? L'évangile de la prospérité l'achèverait en disant : « et vous pourrez vivre dans l'abondance et montrer au monde combien Dieu bénit ceux qui l'aiment ».

Or, ce ne sont pas là les propos de Paul. Il dit : « Vous deviendrez riches de tous les biens et *vous pourrez donner largement* » (v. 11, italique ajouté).

Paul évoque ici la sixième et dernière clé du principe du trésor :

**Principe du trésor – Clé n° 6**

*Dieu m'accorde la prospérité non pas pour améliorer mon niveau de vie, mais pour améliorer le niveau de mes dons.*

Dieu précise clairement la raison pour laquelle il nous confie de l'argent dont nous n'avons pas besoin. Ce n'est pas pour que nous inventions de nouvelles façons de le dépenser ni pour que nous puissions nous faire plaisir et gâter nos enfants ni pour que nous n'ayons pas besoin de dépendre de la providence divine. Mais bien pour que nous puissions le donner librement.

Quand Dieu pourvoit davantage financièrement, nous pensons qu'il nous bénit et nous avons raison. Il serait toutefois tout aussi pertinent bibliquement de penser qu'il nous teste.

Le gestionnaire éprouve des besoins légitimes et le propriétaire des biens se montre généreux. Il n'exige pas de ses serviteurs qu'ils vivent dans la pauvreté et il ne nous reproche pas nos frais personnels, pour autant qu'ils restent raisonnables.

Supposons toutefois que le propriétaire constate que nous vivons dans une luxueuse propriété, que nous conduisons uniquement des voitures de sport et que nous voyageons seulement en première classe. Ou que nous achetons des vêtements de marque et des gadgets électroniques, sans oublier de fréquenter exclusivement les meilleurs restaurants. N'existe-t-il pas une frontière au-delà de laquelle un gestionnaire franchit la limite des dépenses raisonnables ? Le propriétaire ne nous demandera-t-il pas des comptes pour avoir dilapidé de l'argent qui ne nous appartenait pas ?

Nous sommes les intendants de Dieu et il attend de nous que nous accomplissions fidèlement la tâche qui nous a été confiée (1 Corinthiens 4 : 2). Nous sommes les gestionnaires de Dieu. Nous devons nous en souvenir lorsque nous empochons notre salaire. Ne surestimons pas notre propre valeur. Nous ne sommes pas propriétaires de l'entreprise. Nous ne faisons qu'y travailler !

Supposez que vous vouliez envoyer un objet important à une personne qui en a besoin. Vous l'emballez et vous le remettez à l'employé de la poste. Que penseriez-vous si, au lieu de livrer le colis, ce type l'emportait chez lui, l'ouvrait et en gardait le contenu pour lui ?

Vous songeriez : « Il n'a rien compris. Ce paquet ne lui appartient pas. Il n'est qu'un intermédiaire. Son travail consiste à l'amener à la personne à laquelle je le destinais ».

Ce n'est pas parce que Dieu met son argent dans nos mains qu'il a l'intention de l'y laisser !

C'est aussi ce qu'écrivit Paul aux Corinthiens, en les encourageant à donner en faveur des nécessiteux de Jérusalem :

> Dans la circonstance présente, par votre superflu, vous pouvez venir en aide à ceux qui sont dans le besoin. Aussi, par leur superflu, ils pourront un jour subvenir à vos besoins. Ainsi s'établit l'égalité, suivant cette parole de l'Écriture : « Celui qui avait ramassé beaucoup de manne n'en avait pas de trop, et celui qui en avait ramassé peu ne manquait de rien ».
>
> 2 CORINTHIENS 8 : 14-15

Pourquoi Dieu donne-t-il à certains de ses enfants plus qu'ils n'en ont besoin et à d'autres moins que le nécessaire ? Pour que ses enfants s'aident mutuellement. Il ne veut pas que nous possédions trop ou trop peu (Proverbes 30 : 8-9). Si ceux qui ont trop donnent à ceux qui n'ont pas assez, les deux problèmes sont résolus. Dans le cas contraire, les deux problèmes se perpétuent.

Dieu distribue les richesses de manière inégale, non pas parce qu'il préfère certains de ses enfants à d'autres, mais pour que ses enfants puissent les redistribuer à leurs frères et sœurs de sa part.

Paul a dit que le Dieu qui donne la semence au semeur augmentera notre stock de graines. Pourquoi ? Pour que nous puissions les amasser et les consommer ? Non ! Pour que nous puissions les disperser et les répandre afin qu'elles portent du fruit. L'abondance n'est pas le moyen utilisé par Dieu pour me permettre de vivre dans le luxe. C'est le moyen qu'il me donne pour aider d'autres à vivre. Dieu me confie cet argent non pas pour bâtir mon royaume sur la terre, mais pour bâtir son Royaume dans les cieux.

Êtes-vous prêt à planter l'argent de Dieu dans le champ d'un monde qui a besoin de Jésus-Christ ? La perspective de donner au profit de ce qui comptera dans l'éternité ne vous donne-t-elle pas la chair de poule ? La pensée de vous amasser des trésors dans le ciel ne fait-elle pas bondir votre cœur de joie ?

Si nous comprenions les rendements produits dans l'au-delà, nous imiterions les Macédoniens et nous implorerions le privilège de donner.

## *Les droits d'auteur de Dieu*

Vous rappelez-vous cette condamnation de 8 millions d'euros ? Le jugement avait une durée de dix ans et ce délai a récemment expiré. Notre conseil d'administration a décrété : « Randy, tu ne dois plus te contenter du salaire minimum désormais. Nanci et toi pouvez à nouveau toucher vos droits d'auteur ».

Nanci et moi en avons parlé et nous avons prié à ce propos. Nous avons décidé que nous n'avions pas besoin d'augmenter notre niveau de vie. Nous n'avions pas besoin d'une maison plus grande ou d'une voiture neuve. Nous n'avions pas besoin d'une meilleure épargne retraite ou d'une assurance supplémentaire. Dès lors, avec la joie dans le cœur, nous avons répondu: «Non, merci». (Plus tard, nous avons appris que la clinique d'avortement avait obtenu la prolongation de la sentence pendant dix années supplémentaires. Heureusement, nous l'ignorions quand nous avons pris notre décision.)

Ces droits d'auteur ne nous appartiennent pas; ils appartiennent à Dieu. Nanci et moi disposons d'une certaine somme pour vivre et nous ne manquons de rien. Le reste est pour le Royaume de Dieu. Nous n'avons pas besoin d'un million ou d'une centaine de milliers d'euros. Nous nous portons très bien avec beaucoup moins. Dieu pourvoit fidèlement à nos besoins. Et nous expérimentons l'un des plus grands frissons de la vie: la joie sans égal procurée par l'exercice de la libéralité.

CHAPITRE 6

# Pour une époque comme la nôtre

*Notre préoccupation de chaque jour devrait être de nous préparer à notre dernier jour.* – Matthew Henry

Alfred Nobel déposa le journal et se prit la tête entre les mains. Nous étions en 1888. Nobel était un chimiste suédois qui avait fait fortune en inventant et en fabriquant de la dynamite. Son frère Ludvig venait de décéder en France.

Mais voici que le chagrin d'Alfred était mêlé de désarroi. Il venait de lire une nécrologie dans un journal français, non pas celle de son frère, mais la *sienne* ! Le journaliste avait confondu les deux frères. Et le titre annonçait : « Le marchand de mort est mort ». La nécrologie d'Alfred Nobel décrivait un homme qui s'était enrichi en aidant les autres à s'entre-tuer.

Ébranlé par cette appréciation de sa vie, Nobel résolut d'utiliser sa fortune autrement et modifia son testament en conséquence. Lorsqu'il mourut huit ans plus tard, il légua plus de 9 millions d'euros à une fondation qui avait pour objet de récompenser ceux dont le travail bénéficiait à l'humanité. Ces récompenses sont désormais connues sous le nom de *Prix Nobel.*

Alfred Nobel a bénéficié d'une occasion rarissime : celle de pouvoir considérer le bilan de sa vie à son terme et de pouvoir malgré tout le modifier. Avant de quitter ce monde, Nobel a veillé à investir sa fortune dans une cause qui présentait une valeur durable.

## *Cinq minutes après notre mort*

Dans une scène déchirante à la fin du film *La liste de Schindler*, Oskar Schindler (qui a racheté la vie de nombreux Juifs aux nazis) regarde sa voiture et son épingle en or et regrette de ne pas avoir donné davantage encore de son argent et de ses biens pour sauver plus de vies. Schindler avait saisi mieux que beaucoup d'autres les occasions qui s'étaient présentées à lui. Pourtant, à la fin, il aurait voulu remonter le temps et pouvoir encore améliorer ses choix.

Les incroyants n'ont pas la possibilité de revenir en arrière pour changer leur vie en décidant, cette fois, de choisir le Christ. Les chrétiens ne reçoivent pas davantage une seconde chance de vivre en choisissant d'aider plus encore les démunis et d'investir dans le Royaume de Dieu. Nous n'avons qu'une seule occasion très brève (notre existence terrestre) d'utiliser nos moyens pour faire une différence dans ce monde.

John Wesley a dit: «Je juge toutes choses uniquement par leur valeur dans l'éternité» et le missionnaire C. T. Studd a écrit: «Une seule vie, qui passe comme l'éclair; ne durera que ce qui aura été accompli pour le Christ».

Cinq minutes après notre mort, nous saurons exactement comment nous aurions dû vivre. Or, Dieu nous a donné sa Parole pour que nous n'ayons pas à attendre cette échéance pour le découvrir. Et il nous a donné son Esprit pour nous transmettre la puissance de vivre de cette façon dès à présent.

Posez-vous la question: «Cinq minutes après ma mort, que regretterai-je de ne pas avoir donné quand j'en avais encore la possibilité?» Lorsque vous trouverez la réponse, pourquoi ne pas le donner dès à présent? Pourquoi ne pas passer le reste de votre vie à combler l'écart entre ce que vous souhaiterez avoir donné et ce que vous donnez réellement?

Nobel a réussi à modifier l'héritage qu'il a laissé au monde. Nous avons la possibilité infiniment plus stratégique de modifier notre héritage dans le monde à venir.

Lorsque vous quitterez cette terre, se souviendra-t-on de vous comme d'une personne qui a accumulé des trésors qu'elle n'a pas pu emporter ? Ou de quelqu'un qui a investi dans des trésors célestes impérissables ?

Mettez-vous à la place d'Alfred Nobel. Prenez un morceau de papier et un stylo. Asseyez-vous, réfléchissez un instant, puis rédigez votre nécrologie. Dressez la liste des raisons pour lesquelles vous aimeriez que l'on se souvienne de vous.

C'est fait ? Maintenant lisez votre nécrologie. Que ressentez-vous ?

Rédigez-la à nouveau en adoptant, cette fois, une perspective céleste, peut-être celle d'un ange qui vous observe. Pensez-vous que Dieu est satisfait de votre vie terrestre ?

Peut-être menez-vous une vie centrée sur le Christ en nourrissant peu de regrets. Peut-être vous accumulez-vous chaque jour des trésors dans le ciel.

Ou peut-être pas. Vous souhaiteriez peut-être comme moi que le résumé céleste de votre vie réjouisse davantage votre Père. Vous pourriez bien vous sentir découragé par ce que vous avez écrit. Si c'est le cas, ne perdez pas espoir. La bonne nouvelle est que vous êtes

encore là ! Comme Nobel, vous avez la possibilité (avec la grâce de Dieu) de donner à votre vie, et donc à votre nécrologie, le sens que vous désirez.

## *Le don de donner*

Dans Romains 12, Paul énumère sept dons spirituels, notamment la prophétie, le service, l'enseignement, le secours aux malheureux et la libéralité. Je suis convaincu que parmi tous ces dons, la libéralité est celui auquel l'Église occidentale accorde le moins d'attention.

Bien entendu, nous sommes tous appelés à servir, à encourager et à donner, même si nous n'avons pas reçu ces dons spécifiques. Je crois toutefois que Dieu a souverainement distribué certains dons plus largement à des époques différentes de l'Histoire (comme le secours lors d'épidémies dévastatrices).

Imaginons que Dieu veuille accomplir son plan d'évangélisation du monde et aider un nombre de malheureux sans précédent. Quel don distribuerait-il le plus largement, selon vous ? Ne serait-ce pas celui de la libéralité ? Et quels moyens pensez-vous qu'il confierait à ceux auxquels il a transmis ce don ? Ne serait-ce pas une richesse sans précédent pour répondre à tous ces besoins et pour étendre son Royaume ?

Regardez autour de vous. N'est-ce pas exactement ce que Dieu a fait ? La question est : que faisons-nous des richesses qu'il nous a confiées pour toucher les perdus et aider ceux qui souffrent ?

Nous rencontrons régulièrement des gens qui ont le don de l'enseignement et nous savons en quoi ce don consiste. Nous recevons le témoignage de guérisons miraculeuses, de mariages restaurés et de presque tout le reste, mais peu ou pas de témoignages relatifs à la libéralité. Nous connaissons des combattants dans la prière et des étudiants en théologie, mais nous rencontrons rarement des croyants qui ont donné la plus grande part de leur revenu au Seigneur.

Il est de plus en plus fréquent pour des chrétiens de se poser mutuellement des questions difficiles : « Comment se porte ton mariage ? As-tu passé du temps à lire la Parole ? Parviens-tu à préserver ta pureté sexuelle ? As-tu partagé ta foi récemment ? » Mais avec quelle fréquence demandons-nous : « Combien donnes-tu au Seigneur ? As-tu volé Dieu ces derniers mois ? Es-tu sensible au matérialisme ? »

S'agissant du don financier, les églises appliquent la politique de l'autruche. Nous manquons de communication, de comptes à rendre et d'exemples à suivre. Nous respectons en quelque sorte un accord tacite : « Je n'en parlerai pas si tu n'en parles pas ; de cette façon, nous pourrons continuer à vivre comme nous l'avons toujours fait ».

Songez-y. Comment un jeune chrétien apprendra-t-il à donner dans l'église ? Vers qui se tournera-t-il pour comprendre en quoi consiste la libéralité dans la vie d'un croyant saisi par le Christ ? Pourquoi sommes-nous alors étonnés qu'en l'absence d'autre exemple, il va s'inspirer de la société matérialiste dans laquelle il vit ?

Nous devons veiller « les uns sur les autres pour nous encourager mutuellement à l'amour et à la pratique du bien » (Hébreux 10 : 24). Dès lors, ne devrions-nous pas nous demander comment nous pouvons nous encourager les uns les autres à donner ?

Certains objecteront : « Nous ne voulons pas comparer nos dons respectifs ». Paul évoque l'offrande des Macédoniens auprès des Corinthiens, en précisant qu'il établit une comparaison pour les motiver (2 Corinthiens 8 : 7-8). Dixie Fraley est une veuve qui a appris à s'appuyer sur Dieu et qui connaît maintenant la joie de donner. Elle m'a décrit quelques-uns de ses amis en ces termes : « Ils sont un modèle de libéralité. Chaque année, nous essayons, entre nous, de surpasser les dons des uns et des autres ! » N'est-ce pas là s'encourager mutuellement ? Ne devrions-nous pas nous stimuler les uns les autres à placer la barre de la libéralité plus haut pour pouvoir améliorer nos performances ?

Les Écritures nous disent de ne pas donner pour être vus des hommes (Matthieu 6 : 1). Il faut assurément veiller à éviter le piège de l'orgueil. Toutefois, Jésus a aussi dit : « C'est ainsi que votre lumière doit briller devant tous les hommes, pour qu'ils voient le bien que vous faites et qu'ils en attribuent la gloire à votre Père céleste» (Matthieu 5:16). Suite à une interprétation malheureuse des Écritures, nous avons pris l'habitude de dissimuler nos offrandes. En conséquence, nous n'enseignons plus aux chrétiens à donner. Leur vie manque ainsi de joie et de finalité.

Lorsque notre pasteur chargé des missions est revenu du Soudan, il a décrit à notre assemblée les conditions de vie des chrétiens esclaves dans cette région. Spontanément, plusieurs familles ont décidé de renoncer à acheter des cadeaux de Noël cette année-là et de consacrer cet argent à la libération de plusieurs esclaves. À travers divers projets, notre église a récolté plusieurs milliers d'euros dans le même but. Une petite fille a décidé de donner aux croyants soudanais son argent de poche.

Un couple avait mis de côté une certaine somme pour se rendre à Disneyland. Leur fils leur suggéra qu'ils fassent plutôt don de cet argent pour aider les Soudanais. Très vite, les fidèles ont ainsi rassemblé 60000 euros pour racheter des esclaves. Nous n'avons même pas eu besoin d'organiser une collecte car la libéralité s'est avérée contagieuse. Les gens se racontaient les uns aux autres comment et combien ils avaient décidé de donner et ils s'encourageaient ainsi mutuellement à verser davantage. Cette expérience a été l'une des plus réjouissantes de l'église. L'un des facteurs essentiels de cet élan de générosité a été le témoignage rendu par les fidèles de la manière dont Dieu les avait amenés à donner.

Le roi David annonça au peuple combien exactement il avait consacré à la construction du temple. Les montants précis d'or et de pierres précieuses versés par les leaders ont aussi été rendus publics. « Le peuple se réjouit de ses dons volontaires, car c'était d'un cœur sans partage qu'ils les avaient faits à l'Éternel » (1 Chroniques 29 : 6-9). Le peuple pouvait se réjouir parce qu'il savait ce que ses chefs avaient donné. Les Israélites pouvaient suivre l'exemple de leurs responsables uniquement parce qu'ils connaissaient l'importance de leurs offrandes. Si nous voulons que nos églises se mettent à donner, apprenons comment partager humblement les uns avec les autres nos expériences en matière de libéralité.

Nous devrions connaître la situation de cette veuve, membre de notre église, qui vit avec un faible revenu et jeûne chaque mardi afin de donner aux pauvres l'argent qu'elle aurait pu consacrer à son repas. Ma vie spirituelle aurait été infiniment plus pauvre si je n'avais pas entendu parler des témoignages d'Hudson Taylor, George Müller, Amy Carmichael et R. G. LeTourneau. Ils ont vécu pour plaire à Dieu, et non à moi, mais le fait de savoir ce que Dieu a fait en eux m'a inspiré à le laisser faire plus en moi.

## *Le sens de la destinée*

La lecture de ce livre s'inscrit probablement dans le plan de Dieu pour changer votre vie et, partant de là, l'Histoire et l'éternité.

Vous rappelez-vous les paroles de Mardochée à Esther ?

> Si tu persistes à garder le silence dans les circonstances présentes, le salut et la délivrance viendront d'ailleurs pour les Juifs, alors que toi et ta famille, vous périrez. D'ailleurs, qui sait si ce n'est pas en vue de telles circonstances que tu es devenue impératrice ?
>
> ESTHER 4 : 14

À l'instar d'Esther, quasiment chaque lecteur de ce livre occupe une position privilégiée. Êtes-vous instruit ? Possédez-vous de la nourriture, des vêtements, un toit sur votre tête, un véhicule, voire de l'équipement électronique ? Dans ce cas, vous faites partie des privilégiés, des riches de ce monde.

Pourquoi Dieu vous a-t-il accordé le privilège d'être riche ? Pour une époque telle que la nôtre. Dieu vous a souverainement élevé. Lorsque je songe aux ressources de notre famille et aux possibilités de donner avec lesquelles Dieu vous a béni, je ne peux m'empêcher de penser que tout ceci s'inscrit dans un plan beaucoup plus vaste que le petit lopin de terre sur lequel nous vivons.

Un organisme missionnaire a décidé d'appeler le groupe que forment ses principaux donateurs *Le levier de l'Histoire*. Est-ce exagéré ? Je ne pense pas. Notre contribution aux grandes causes de Dieu suscite en nous le sentiment d'avoir trouvé notre destinée. Ce n'est pas un hasard si vous vivez à cette époque de l'Histoire et dans ce lieu précis. Souvenez-vous à nouveau pourquoi le Dieu de la providence vous a confié autant de moyens : « Par votre superflu, vous pouvez venir en aide à ceux qui sont dans le besoin [...] Ainsi vous deviendrez riches [...] et vous pourrez donner largement » (2 Corinthiens 8 : 14 ; 9 : 11).

Est-ce là votre destinée ? Dieu vous appelle-t-il à être un donateur plus généreux ? Vous appelle-t-il à partager avec d'autres la joie libératrice du principe du trésor ?

Vous avez déjà entendu parler de *combattants dans la prière*. Mais qu'en est-il des *combattants de la libéralité* ? Dieu nous a tant donné ! Il est peut-être en train de lever une armée de donateurs et il nous appelle à nous enrôler

De nos jours, beaucoup prononcent la prière de Yaebets : « Si tu me bénis réellement et si tu agrandis mon territoire... » (1 Chroniques 4 : 10). Pourquoi ne pas appliquer cette prière au domaine financier ? Pourquoi ne pas fixer un chiffre suffisant pour subvenir à nos besoins et s'engager auprès de Dieu à lui rendre tout ce qu'il pourvoira au-delà de ce montant ?

Nous ignorons combien de temps durera la prospérité de notre nation. Pourquoi ne pas renoncer à l'abondance alors que nous le pouvons encore ? Donnons jusqu'à ce que nos cœurs soient davantage connectés à l'œuvre du Royaume de Dieu qu'à nos projets de construction, nos entreprises commerciales, nos vacances de rêve ou nos plans de retraite.

Demandons à Dieu s'il veut que nous renoncions à bâtir la maison de nos rêves ici, sachant que notre Époux nous bâtit déjà la maison de nos rêves au ciel. Entre-temps, nous pouvons utiliser l'argent de Dieu pour construire quelque chose qui ne partira pas en fumée, mais qui durera pour l'éternité.

## *À considérer*

« Quel est le montant des offrandes volontaires que Dieu veut m'amener à verser ? » Seul notre Père céleste peut répondre à cette question. Il faut donc la lui poser. Il n'a pas appliqué une somme ou un pourcentage fixe aux offrandes volontaires. Peut-être justement pour nous pousser à prier et à rechercher son conseil, qu'il a d'ailleurs promis de nous donner (Jacques 1 : 5). Notre tâche consiste à écouter et à obéir.

Notre libéralité devrait commencer au sein de notre église locale, fidèle à la Bible et au Christ, la communauté spirituelle envers laquelle nous sommes responsables (Galates 6 : 6 ; 1 Corinthiens 9 : 9-12). Au-delà, nous pouvons généreusement soutenir des missions et des ministères dignes de confiance, en les soumettant à une évaluation attentive à la lumière des principes bibliques.

Des chrétiens s'interrogent : « Dois-je soutenir des organisations séculières ? » Il est justifié de se demander si la société humaine, en dépit de toutes ses qualités, est aussi proche du cœur de Dieu que l'évangélisation, l'implantation d'églises ou le soutien aux pauvres au nom de Jésus. Beaucoup financent ainsi des universités soit-disant chrétiennes qui ne croient plus en leurs principes doctrinaux et qui égarent désormais leurs étudiants. Puisqu'il existe des ministères et des organisations fidèles au Christ qui recherchent notre soutien, pourquoi donner l'argent de Dieu à des institutions qui s'opposent activement à ses plans ? Pour toute bonne organisation séculière, il existe souvent une organisation chrétienne qui effectue le même travail, mais dans une perspective éternelle. Lorsqu'il y a la possibilité de choisir, pourquoi ne pas financer des organismes caractérisés par la prière, les principes bibliques et l'œuvre surnaturelle de l'Esprit de Dieu ?

Pourquoi ne pas demander à Dieu comment partager le principe du trésor avec d'autres ? Peut-être serez-vous comme ces gens qui ont amené D. L. Moody et Billy Graham à Christ. Il se peut que vous ameniez quelqu'un à donner un jour bien plus que vous ne le pourriez jamais.

Envisagez de prêter ce livre. Réunissez votre conjoint et quelques amis et priez sur ces sujets. Vous pourriez organiser un petit-déjeuner, une étude biblique ou un groupe de discussion sur le thème de la libéralité, en vous servant de ce livre ou d'autres études consacrées au sujet. Demandez à Dieu de vous montrer les membres de votre entourage avec lesquels vous pourriez débattre, étudier, prier et que vous pourriez inspirer ou qui pourraient vous inspirer.

## *Mon engagement financier*

Voici un plan en six étapes qui vous aidera à rester sur la voie du principe du trésor. Il s'agit d'une alliance passée entre Dieu et vous. Je vous encourage à la lire, à en parler avec votre conjoint ou vos amis et à prier à ce propos.

Si vous sentez que Dieu vous amène à prendre un nouvel engagement dans le domaine de la libéralité, je vous suggère de signer la version abrégée de cette alliance à la fin de ce livre.

1. J'affirme la pleine propriété de Dieu sur ma personne (1 Corinthiens 6 : 19-20) et sur tout ce qui m'a été confié (Psaumes 24 : 1). Je reconnais que mon argent et mes biens sont en réalité les siens. Je suis son gestionnaire financier, son mandataire. Je m'engage à lui demander ce qu'il veut que je fasse de son argent.
2. Je mettrai à part les prémices (en commençant par au moins 10 %) de tout ce que je recevrai, en les considérant comme saintes et appartenant exclusivement au Seigneur. J'agirai ainsi par obéissance envers lui, pour obtenir sa bénédiction (Malachie 3 : 6-12). Par la foi, je relève le

défi lancé par Dieu de le mettre à l'épreuve à cet égard.

3. Avec le reste des trésors que Dieu m'aura confiés, je chercherai à faire des dons volontaires généreux. Je reconnais que Dieu m'a rendu riche pour que je puisse « donner largement » (2 Corinthiens 9 : 11). Conscient de pouvoir voler Dieu en conservant non seulement la dîme, mais aussi les offrandes qu'il m'appelle à verser, je lui demande de me révéler clairement sa volonté.
4. Je demande à Dieu de m'enseigner à consentir à des sacrifices financiers pour faire sa volonté, notamment porter secours aux pauvres et atteindre les perdus. Je m'engage à éviter l'endettement pour ne pas immobiliser ses fonds et pour jouir d'une plus grande liberté lorsque l'Esprit m'appellera à donner.
5. Je reconnais que je ne peux pas emporter les trésors terrestres dans l'au-delà, je décide d'investir dans des trésors célestes, pour la gloire du Christ et pour le bien éternel d'autrui et de moi-même. Affirmant que le ciel, et non la terre, est ma résidence permanente et que Christ est mon Seigneur, je m'engage à déposer régulièrement ses avoirs à ses pieds, sans rien conserver, et à lui demander ce qu'il veut que j'en fasse et à qui je dois donner son argent. Je commencerai par

cette question : « À quoi suis-je accroché que tu désires me voir abandonner ? »

6. Reconnaissant que Dieu m'a donné ma famille, mes amis, mon église et d'autres personnes de mon entourage, je lui demande de m'aider à leur parler du principe du trésor pour qu'eux aussi puissent expérimenter la plus grande des joies présentes et des récompenses futures.

## *Le plus grand plaisir*

Une déclaration de Jésus est rapportée dans les Actes, mais n'apparaît pas dans les Évangiles. Dieu l'a peut-être ajoutée plus tard pour qu'elle nous frappe :

> Le Seigneur Jésus lui-même a dit : Il y a plus de bonheur à donner qu'à recevoir.
>
> ACTES 20:35

Nous sommes tellement absorbés par le fait d'obtenir « ce qui nous revient » que nous passons à côté de ce qui procure la bénédiction et la joie véritables : rendre à Dieu ce qui *lui* revient. En donnant, nous faisons ce pour quoi nous avons été créés : aimer Dieu et notre prochain (Matthieu 22:36-40). La libéralité exercée avec assurance confirme la souveraineté du Christ. C'est un acte béni qui mène à la joie.

Un exemple imagé de cette joie nous est livré dans le conte classique de Charles Dickens intitulé *Un conte de Noël*. Au début du récit, Ebenezer Scrooge est riche et malheureux. Il est caustique, plaintif et horriblement avare.

Après avoir rencontré les trois esprits le jour de Noël, il reçoit une seconde chance dans la vie. J'ai relu cette histoire récemment et j'ai été frappé par la description de la transformation du vieil homme :

> Il entra à l'église ; il parcourut les rues, il examina les gens qui allaient et venaient en grande hâte, donna aux enfants de petites tapes caressantes sur la tête, interrogea les mendiants sur leurs besoins, laissa tomber des regards curieux dans les cuisines des maisons, les reporta ensuite aux fenêtres ; tout ce qu'il voyait lui faisait plaisir. Il ne s'était jamais imaginé qu'une simple promenade – ou même quoi que ce soit – puisse lui procurer autant de bonheur [5].

Après sa métamorphose, Scrooge parcourt les rues de Londres, en distribuant librement son argent aux pauvres. Il rit de plaisir. Lui, qui hier encore avait méprisé l'idée de la charité, éprouve désormais le plus grand plaisir à donner.

À la dernière page, Dickens dit de Scrooge :

> Quelques personnes rirent de son changement ; mais il les laissa rire et ne s'en soucia guère [...]. Il riait lui-même au fond du cœur, cela lui suffisait. Il eut beaucoup plus de commerce avec les hommes, s'occupant de ses amis et de sa famille tout le long de l'année, pour bien se préparer à fêter Noël, et personne ne s'y entendait mieux que lui : tout le monde lui rendait cette justice [6].

---

[5] Dickens Charles, *Cantique de Noël* (en prose), Librairie Hachette et Cie, Paris, 1890. Sur www.ebooksgratuits.com.

[6] *Ibid.*

Comment expliquer la transformation de Scrooge? Il avait acquis une perspective éternelle. Par le biais d'une intervention surnaturelle, Scrooge avait pu voir son passé, son présent et son avenir, encore modifiable, à travers les yeux de l'éternité. Demandons à Dieu la même compréhension dans notre vie.

Ebenezer Scrooge bondissait de joie dans les rues de Londres parce qu'il avait découvert l'antidote vital au matérialisme qui empoisonnait son existence. Scrooge avait appris le principe du trésor, le secret de la libéralité exercée dans la joie.

Voulez-vous connaître cette joie? Je vous invite à transférer vos avoirs de la terre au ciel. Je vous invite à donner humblement, généreusement et fréquemment à l'œuvre de Dieu. Excellez dans la libéralité pour plaire à Dieu, servir les autres et jouir de trésors célestes.

Je vous encourage à accepter l'invitation de Christ: « Donnez, et l'on vous donnera » (Luc 6:38). Et lorsqu'il vous donnera davantage, souvenez-vous pourquoi : pour que vous puissiez être généreux à la moindre occasion.

Je vous invite à envoyer vos trésors au ciel, là où ils vous attendront en sûreté. Lorsque vous le ferez, vous connaîtrez la liberté, vous éprouverez de la joie et vous devinerez le sourire de Dieu.

Lorsque vous donnerez, vous sentirez son plaisir.

# *Le principe du trésor*

**Vous ne pouvez pas l'emporter,
mais vous *pouvez* l'envoyer au ciel avant vous.**

**Les clés du principe du trésor**

**Dieu possède tout. Je suis le gestionnaire de ses biens.** *Nous sommes les gestionnaires des biens que Dieu nous a confiés (et non donnés).*

**Mon cœur se trouve toujours là où je place l'argent de Dieu.** *Voyez ce qui se passe si vous réaffectez votre argent du temporel vers l'éternité.*

**Ma résidence permanente est au ciel et non sur la terre.** *Nous sommes citoyens d'une « meilleure patrie, [...] la patrie céleste » (Hébreux 11 : 16).*

**Je dois vivre pour la ligne et non pour le point.** *Du point (notre vie présente sur la terre) part une ligne qui n'a pas de fin, à savoir l'éternité au ciel.*

**Donner est le seul antidote au matérialisme.** *Donner revient à s'abandonner joyeusement à un Être plus grand et à un projet plus large. En donnant, je descends du trône et je l'exalte.*

**Dieu m'accorde la prospérité non pas pour améliorer mon niveau de vie, mais pour améliorer le niveau de ma libéralité.** *Dieu nous donne plus d'argent que nécessaire pour que nous puissions donner... avec générosité.*

# Mon engagement financier

1. J'affirme la pleine propriété de Dieu sur ma personne et sur tout ce qui m'a été confié.
2. Je mettrai à part les prémices (au moins 10 %) de tout salaire et don reçus, en les considérant comme saints et appartenant exclusivement au Seigneur.
3. Avec le reste des trésors que Dieu me confiera, je chercherai à faire des dons volontaires généreux.
4. Je demande à Dieu de m'enseigner à consentir à des sacrifices financiers pour faire sa volonté, notamment secourir les pauvres et atteindre les perdus.
5. Reconnaissant que je ne peux pas emporter des trésors terrestres dans l'au-delà, je décide d'investir dans des trésors célestes, pour la gloire du Christ et pour le bien éternel d'autrui et de moi-même.
6. Je demande à Dieu de me montrer comment amener d'autres à connaître la joie présente et la récompense future du principe du trésor.

*Date :* *Signature :* *Témoin :*

# Questions de réflexion

## 31 questions radicales et libératrices sur la libéralité à poser à Dieu

Poser des questions spécifiques à Dieu est une grande tradition dans les Écritures.

Abraham se tenait près des chênes de Mamré lorsqu'il demanda à l'Éternel : « Toi qui juges la terre entière, n'agirais-tu pas selon le droit ? » (Genèse 18 : 25).

À un grand carrefour de sa vie (2 Samuel 2 : 1-2), David posa deux questions très spécifiques au Seigneur :

> David consulta l'Éternel et lui demanda s'il devait aller s'installer dans l'une des villes de Juda. L'Éternel lui répondit :
> – Oui.
> – Dans laquelle dois-je aller ?
> – À Hébron.
> David s'y rendit donc.

Parce que nous sommes ses enfants, nous devrions poser à Dieu bien plus que des questions rhétoriques. Nous devrions interroger, chercher et frapper, en nous attendant en retour à une réponse ou à une intervention de notre Dieu (voir Matthieu 7:7). Le Seigneur n'éprouve aucune difficulté à traiter nos questions les plus audacieuses. Ses réponses ne seront pas toujours aussi limpides que celles données à David, mais il nous invite néanmoins à l'interroger.

En matière d'intendance financière, Dieu n'a pas fourni à chacun d'entre nous une liste de contrôle standard, pourvue de petites cases à cocher les unes après les autres. Il nous a plutôt donné sa Parole, remplie de principes utiles pour une saine gestion financière, des principes avec lesquels nous devons parfois batailler. Devant ces difficultés, Dieu attend de nous que nous cherchions sa face et que nous appliquions les conseils de croyants fidèles qui nous ont précédés sur la voie de l'intendance.

Dieu est le propriétaire de toutes choses et nous sommes ses intendants, ses gestionnaires financiers. Un intendant responsable consulte le propriétaire pour connaître sa direction. Les décisions de gestion financière exigent du discernement et de la sagesse qui dépassent les nôtres. Les Écritures disent : « Si l'un de vous manque de sagesse, qu'il la demande à Dieu qui la lui donnera, car il donne à tous généreusement et sans faire de reproche » (Jacques 1:5).

Désirez-vous vraiment la sagesse et la puissance de Dieu pour prendre des décisions d'intendance difficiles (et sonder votre propre cœur à cet égard) ? Dans ce cas, demandez-lui. Il ne vous laissera pas dans l'obscurité. Il vous a donné sa Parole et son Esprit pour vous guider.

Les trente et une questions ci-dessous sont conçues pour vous aider dans votre recherche. (Vous pouvez en considérer consécutivement autant que vous le souhaitez ou en méditer une par jour pendant un mois.) Après chaque question, j'ai inséré un passage clé des Écritures qui correspond au problème traité, ainsi que d'autres versets que je vous encourage à lire.

La Parole de Dieu possède un pouvoir de loin supérieur à celui de nos mots. Dieu promet que sa Parole ne reviendra pas vers lui sans avoir accompli le but pour lequel il l'a envoyée (voir Ésaïe 55 : 11). Dans chacune de ces courtes méditations, concentrez-vous d'abord et surtout sur les Écritures et ensuite, sur les questions.

Demandez au Saint-Esprit de parler à votre cœur et de vous guider. Il le fera. Vous pouvez en avoir la certitude.

## *Questions à poser à Dieu*

1. Régulièrement dans ta Parole, Seigneur, tu établis un lien direct entre l'expérience de la grâce et l'expression de la grâce à travers les dons financiers. Ta grâce est comparable à l'éclair et nos dons sont comme le tonnerre qui y répond. Dès lors, voici ma question : le ni-

veau actuel de ma libéralité suggère-t-il que j'ai reconnu et accepté la pleine mesure de ta grâce dans ma vie ? Ou suggère-t-il que j'ai besoin de reconnaître et de répondre à ta grâce d'une façon plus profonde et plus sincère ?

> Cherchez donc aussi à exceller dans cette œuvre de générosité. [...] Car vous savez comment notre Seigneur Jésus-Christ a manifesté sa grâce envers nous : lui qui était riche, il s'est fait pauvre pour vous afin que par sa pauvreté vous soyez enrichis.
>
> 2 CORINTHIENS 8:7,9
>
> *Lisez aussi 2 Corinthiens 9 : 15 et Romains 8 : 32.*

2. Père, se pourrait-il que tu m'aies préparé (avec les avoirs financiers que tu m'as confiés) pour une époque comme celle que nous vivons ? Faut-il voir plus qu'une coïncidence dans le fait que tu m'aies confié de tels moyens à ce point précis de l'Histoire, alors qu'un nombre sans précédent d'individus éprouvent des besoins énormes et qu'il existe des moyens et des possibilités sans précédent de les aider ?

> Qui sait si ce n'est pas en vue de telles circonstances que tu es devenue impératrice ?
>
> ESTHER 4:14
>
> *Lisez aussi Actes 17 : 26 et Éphésiens 2 : 10.*

3. Es-tu le centre de ma vie ? Ouvre mes yeux, Père. À quoi suis-je accroché qui me prive de joie présente et de récompenses futures ? Que voudrais-je conserver pour moi qui m'empêche de dépendre entièrement de toi ? Puisque l'argent et les biens ont une masse, que la masse exerce la gravité et que la gravité nous maintient en orbite, à quoi puis-je renoncer pour jouir d'une liberté plus grande ? Lesquels de « mes » avoirs puis-je te donner pour que tu puisses devenir mon centre de gravité ?

> Aucun serviteur ne peut être en même temps au service de deux maîtres. En effet, ou bien il détestera l'un et aimera l'autre ; ou bien il sera dévoué au premier et méprisera le second. Vous ne pouvez pas servir en même temps Dieu et l'Argent.
>
> LUC 16:13
>
> *Lisez aussi Psaumes 42 : 1-3 et Matthieu 5 : 6.*

4. Seigneur, suis-je en train de t'honorer toi, en tant que propriétaire et PDG des avoirs que tu m'as confiés ? Ou ai-je plutôt tendance à te considérer comme un simple consultant financier, à qui je verse une indemnité (2 %, 10 % ou...) ? Me suis-je comporté comme si je possédais la boutique et comme si toi, tu travaillais pour moi, au lieu de reconnaître que tu es le propriétaire et que je travaille pour toi ?

> Le pays m'appartient ,et vous êtes chez moi des étrangers et des immigrés.
>
> LÉVITIQUE 25:23
>
> *Lisez aussi Deutéronome 10 : 14 et 1 Chroniques 29 : 11-12.*

5. Au sein de ma communauté (ou du monde entier), où veux-tu que je me rende et que je contribue à répondre à des besoins physiques et spirituels par le biais de ministères fidèles au Christ ? Dois-je participer à une distribution de soupe aux démunis ? Visiter des prisonniers ? Contester le droit à l'avortement ? Un voyage missionnaire à court terme ou une mission à long terme à l'étranger s'inscrit-il dans ton plan enthousiasmant pour moi et ma famille ?

> Il [Josias] faisait droit aux pauvres ainsi qu'aux malheureux, et s'en est bien trouvé. C'est par là que quelqu'un montre qu'il me connaît, l'Éternel le déclare.
>
> JÉRÉMIE 22:16
>
> *Lisez aussi Proverbes 28 : 27 et Romains 10 : 13-15.*

6. Seigneur, je me demande pourquoi tu m'as confié des bénédictions financières plus grandes que par le passé. Je supposais que tu l'avais fait pour améliorer mon niveau de vie, mais désormais, je me demande si ce ne serait pas plutôt pour augmenter mon niveau de libéralité. Est-ce que je me considère vraiment comme ton mandataire ? Ou ai-je tendance à supposer que je peux garder ce que tu as placé dans mes mains ? (Si je me suis agrippé à une chose que tu voulais que je donne, se pourrait-il que la personne à laquelle tu la destinais doive s'en priver ?)

Vous deviendrez riches de tous les biens et vous pourrez donner largement, ce qui suscitera, chez ceux auxquels nous distribuerons vos dons, de nombreuses prières de reconnaissance envers Dieu.

2 CORINTHIENS 9:11

*Lisez aussi 2 Corinthiens 8 : 14 et Actes 11 : 29.*

7. Seigneur Jésus, ai-je accumulé trop de biens? Ai-je trop dépensé ou trop accumulé de dettes, ce qui m'empêche de te donner mon argent? Ai-je dit qu'il ne me restait pas assez pour donner, tout en conservant des habitudes de consommation telles qu'il ne me reste pas de quoi donner? Mes dons sont-ils réellement proportionnels à tes grandes bénédictions envers moi? Sachant que tu exigeais trois dîmes du plus pauvre des Israélites, se peut-il vraiment que tu attendes moins de moi qui vis dans une richesse relative, qui connais la grâce de Jésus et qui suis habité et habilité par ton Saint Esprit?

Honore l'Éternel en lui donnant une part de tes biens et en lui offrant les prémices de tous tes revenus. Alors tes greniers regorgeront de nourriture et tes cuves déborderont de vin.

PROVERBES 3:9-10

*Lisez aussi Proverbes 22 : 7 et 1 Corinthiens 16 : 2.*

8. Seigneur, je me suis déjà demandé pourquoi tu ne me bénissais pas davantage financièrement. Se pourrait-

il que j'aie d'abord dépensé mon argent pour moi, au lieu de te donner les premiers fruits de ce que tu avais pourvu ?

> Est-il temps pour vous-mêmes d'habiter à votre aise des maisons lambrissées, alors que ce Temple est en ruine? Voici ce que déclare le Seigneur des armées célestes: Réfléchissez donc bien à ce qui vous arrive: vous semez largement mais vous récoltez peu, vous mangez, vous buvez, sans être rassasiés et sans étancher votre soif. Vous vous couvrez d'habits sans être réchauffés, et le salaire que gagne l'ouvrier va dans une bourse trouée. Voici ce que déclare le Seigneur des armées célestes: Réfléchissez donc bien à ce qui vous arrive. Allez à la montagne, rapportez-en du bois et bâtissez le Temple. J'y trouverai plaisir, j'y serai glorifié, déclare l'Éternel. Vous comptiez sur beaucoup, mais vous avez obtenu peu; vous aviez engrangé ce que vous aviez récolté, et j'ai soufflé dessus. Pourquoi donc l'ai-je fait? demande l'Éternel, le Seigneur des armées célestes. Parce que mon Temple est en ruine, tandis que vous courez chacun pour sa maison. Voilà pourquoi le ciel a retenu la pluie, voilà pourquoi la terre a refusé ses fruits: c'est à cause de vous. J'ai appelé la sécheresse sur les champs et les monts, sur le blé, sur le vin, sur l'huile, sur tout produit du sol, ainsi que sur les hommes, sur le bétail, sur tout le fruit de vos travaux.
>
> AGGÉE 1:4-11
>
> *Lisez aussi Malachie 3 : 8-11 et Luc 6 : 38.*

9. Seigneur, tu as loué la pauvre veuve pour t'avoir donné tout ce qu'elle possédait et n'avoir rien gardé pour elle. Serait-ce donc une attitude responsable de ma part

que de te donner maintenant (peu importe ma situation) au lieu d'attendre ? Ai-je cru le mensonge selon lequel je n'avais pas assez pour donner, alors que les plus grands exemples de libéralité dans les Écritures sont le fait de personnes très pauvres ?

> Alors Jésus appela ses disciples et leur dit : Vraiment, je vous l'assure, cette pauvre veuve a donné bien plus que tous ceux qui ont mis de l'argent dans le tronc. Car tous les autres ont seulement donné de leur superflu, mais elle, dans sa pauvreté, elle a donné tout ce qu'elle possédait, tout ce qu'elle avait pour vivre.
>
> MARC 12:43-44
>
> *Lisez aussi 2 Corinthiens 8 : 1-4 et Galates 6 : 9-10.*

10. Dis-moi ce que tu penses de cette question, Père, parce que cette conception est tellement différente du monde : serais-tu honoré que je fixe un revenu de base suffisant pour vivre et que je donne simplement tout ce que tu pourvois au-delà ? Ce faisant, m'enseignerais-tu à me montrer plus reconnaissant et plus satisfait ?

> Qui aime l'argent n'en aura jamais assez, et qui se complaît dans l'abondance ne sera jamais satisfait de ses revenus. Cela encore est dérisoire. Plus on possède de biens, plus se multiplient les profiteurs. Et quel avantage en tire leur possesseur si ce n'est le spectacle qu'ils lui offrent ? Doux est le sommeil du travailleur, qu'il ait peu ou beaucoup à manger, mais l'abondance du riche l'empêche de dormir.
>
> ECCLÉSIASTE 5:9-11
>
> *Lisez aussi Osée 13 : 6 et Philippiens 4 : 11-13.*

11. Seigneur Jésus, puisque les richesses se consumeront lors de ta seconde venue, les avoirs, les comptes et les titres que j'ai accumulés sur la terre seront-ils perdus si tu reviens de mon vivant ? À l'instar de ces caisses remplies de monnaie confédérée après la Guerre civile, tout perdra-t-il la moindre valeur ? Faut-il s'inspirer des paroles de Luther : « Tout ce que j'ai conservé, je l'ai perdu, mais tout ce que j'ai donné à Dieu, je le possède encore » ? A. W. Tozer avait-il raison d'affirmer que toute possession temporelle pouvait être transformée en richesse éternelle et que tout ce qui est donné au Christ est immédiatement frappé d'immortalité ?

> Mais le jour du Seigneur viendra comme vient un voleur. En ce jour-là, le ciel disparaîtra dans un fracas terrifiant, les éléments, embrasés par le feu, se désagrégeront et tout ce qui a été fait sur la terre se trouvera jugé. Puisque tout l'univers doit ainsi se désagréger, quelle vie sainte vous devez mener et combien vous devez être attachés à Dieu, en attendant que vienne le jour de Dieu et en hâtant sa venue ! Ce jour-là, le ciel en feu se désagrégera et les éléments embrasés fondront. Mais nous, nous attendons, comme Dieu l'a promis, un nouveau ciel et une nouvelle terre où la justice habitera.
>
> 2 PIERRE 3 : 10-13
>
> *Lisez aussi Ecclésiaste 5 : 15 et 1 Corinthiens 9 : 24-25.*

12. J'ai besoin d'être éclairé dans ma réflexion, Seigneur. Le fait que tu m'aies confié ton argent, à moi et non à d'autres, indique-t-il que tu veux (pendant ma vie

ici-bas) que je l'investisse dans l'éternité au lieu de le transmettre à mes enfants avec la responsabilité de le gérer ? (Ne devrais-je pas te laisser décider quel montant tu veux leur confier ? Si les enfants manifestent un manque de sagesse dans le domaine financier, ne serait-ce pas mal gérer tes avoirs que les leur transmettre ?) Lorsque mes enfants auront achevé leurs études ou travailleront pour subvenir à leurs besoins, l'héritage de mes biens (en dehors d'objets ayant une valeur sentimentale ou familiale particulière) contribuera-t-il à leur perspective de l'éternité et à leur marche avec toi ou contribuera-t-il à alourdir leur tâche, voire à les corrompre et à les faire chuter ? Devrais-je, à l'instar de John Wesley, chercher à devenir moi-même et de mon vivant, l'exécuteur testamentaire de la majeure partie de « mes » biens ?

> Un héritage promptement acquis dès l'origine ne sera pas béni quand viendra la fin.
>
> PROVERBES 20:21 (*SECOND NEG*)
>
> *Lisez aussi Proverbes 13 : 11 et 17 : 26 et 1 Corinthiens 4 : 2.*

13. Comment être sûr que les biens que tu m'as confiés te serviront, Père, après ma mort ? Comment puis-je savoir que ceux à qui j'aurais légué ces ressources les utiliseront pour favoriser l'avancement de ton Royaume ? Je suppose que le fond du problème est le suivant : si mes enfants sont adultes et autonomes, ne devrais-je pas donner dès à présent ce que je peux et, à ma mort, laisser la

majeure partie de ce qui reste à mon église, des missions ou des ministères qui te sont précieux ? Ne devrais-je pas apprendre à mes enfants à rechercher l'héritage qui vient de ta main, et non de la mienne ? Ne devrions-nous pas, eux et moi, fixer nos regards sur l'héritage céleste qui peut être enrichi à travers nos dons fidèles ici et maintenant ?

> Venez, vous qui êtes bénis par mon Père : prenez possession du Royaume qu'il a préparé pour vous depuis la création du monde. Car j'ai souffert de la faim, et vous m'avez donné à manger…
>
> MATTHIEU 25 : 34-35

*Lisez aussi 1 Pierre 1 : 3-4 et Colossiens 3 : 23-24.*

14. Père, y aura-t-il pour moi des conséquences négatives dans l'éternité si je donne autant que je le peux dès à présent ? Est-ce que je cours le moindre danger en donnant trop et trop tôt ? Qu'en est-il, par contre, si je limite mes dons ou si je les reporte à plus tard ? Le véritable danger consiste-t-il plutôt à donner trop peu et trop tard ?

> Si quelqu'un est fidèle dans les petites choses, on peut aussi lui faire confiance pour ce qui est important. Mais celui qui n'est pas fidèle dans les petites choses ne l'est pas non plus pour ce qui est important. Si donc vous n'avez pas été fidèles dans la gestion des richesses injustes, qui vous confiera les richesses véritables ? Si vous n'avez pas été fidèles dans la gestion du bien d'autrui, qui vous donnera celui qui vous est personnellement destiné ?
>
> LUC 16 : 10-12

*Lisez aussi Luc 19 : 17, Marc 10 : 29-30 et 2 Corinthiens 5 : 9-11.*

15. Très bien, Seigneur, disons que tu me pousses à donner dès à présent. Si je reporte mon offrande (pour une raison quelconque), se peut-il que je meure avant d'avoir eu la possibilité de la donner plus tard ? (Ou l'argent pourrait-il disparaître avant que je me décide à le donner ?)

> Ô Éternel, fais-moi savoir quand finira ma vie, quel est le nombre de mes jours, afin que je sache à quel point ma vie est éphémère. Voici : mes jours sont limités, car tu leur as donné la largeur d'une main. Oui, devant toi, ma vie n'est vraiment presque rien, même s'il est solide, tout homme n'est qu'un souffle : il va, il vient, ce n'est qu'une ombre. Son agitation, c'est du vent, et les richesses qu'il amasse, sait-il qui les recueillera ? Dès lors, Seigneur, que puis-je attendre ? Mon espérance est toute en toi.
>
> PSAUMES 39:5-8

*Lisez aussi Ecclésiaste 5 : 13-14 et 8 : 8.*

16. Si je ne lâche pas prise sur mes ressources aujourd'hui dans l'intérêt de ton Royaume, risquerais-je de me lier davantage aux trésors terrestres ? En reportant mes dons à plus tard, mon cœur s'endurcira-t-il devant tes appels à donner ? Me retrouverai-je alors mal préparé à l'éternité ?

> Recommande à ceux qui possèdent des richesses en ce monde de se garder de toute arrogance et de ne pas fonder leur espoir sur la richesse, car elle est instable. Qu'ils placent leur espérance en Dieu, qui nous dispense géné-

reusement toutes ses richesses pour que nous en jouissions. Recommande-leur de faire le bien, d'être riches en œuvres bonnes, d'être généreux et de partager avec les autres. Ils s'assureront ainsi pour l'avenir un beau capital placé en lieu sûr afin d'obtenir la vraie vie.

1 TIMOTHÉE 6:17-19

*Lisez aussi Matthieu 6 : 21 et Hébreux 3 : 15.*

17. Puisque je n'ai pas d'autre choix que de laisser l'argent derrière moi lorsque je mourrai, la répartition de mes biens (ou plutôt de tes avoirs qui m'ont été temporairement confiés) dans un testament constitue-t-elle vraiment un « don » ? Il est assurément sage de léguer des fonds à de nobles causes, mais puisque cela n'implique aucun sacrifice de ma part ni aucune marque de confiance en toi, s'agit-il vraiment d'un « don » dans tout le sens du terme ? Me priverais-je de joies et de récompenses et te priverais-je de ma confiance en m'accrochant jusqu'à la mort à des avoirs significatifs que j'aurais pu te donner avec joie de mon vivant ?

Ce n'est pas que je tienne à recevoir des dons ; ce qui m'intéresse, c'est qu'un plus grand nombre de fruits soit porté à votre actif.

PHILIPPIENS 4:17

*Lisez aussi Hébreux 9 : 27 et Éphésiens 6 : 8.*

18. Père, la bourse et les placements immobiliers ne peuvent se comparer aux rendements éternels sur les investissements consentis dans ton Royaume. Qui pourrait égaler ta promesse d'un rendement de 10000 % (à savoir cent fois supérieur) ? Dès lors, pourquoi mes yeux se concentrent-ils autant sur des placements temporaires et terrestres, pourvus de rendements si minables ? Seigneur, élargis ma perspective, augmente ma foi et donne-moi une mentalité d'investisseur dans l'éternité.

> Alors Pierre prit la parole et lui dit : Et nous ? Nous avons tout quitté pour te suivre : qu'en sera-t-il de nous ? Jésus leur dit : Vraiment, je vous l'assure : quand naîtra le monde nouveau et que le Fils de l'homme aura pris place sur son trône glorieux, vous qui m'avez suivi, vous siégerez, vous aussi, sur douze trônes pour gouverner les douze tribus d'Israël. Tous ceux qui auront quitté, à cause de moi, leurs maisons, leurs frères ou leurs sœurs, leur père ou leur mère, leurs enfants ou leur terre, recevront cent fois plus et auront part à la vie éternelle.
> MATTHIEU 19:27-29

*Lisez aussi Hébreux 6 : 10 et 2 Corinthiens 4 : 18.*

19. Seigneur, aide-moi à distinguer clairement le moment de donner ton argent. Aide-moi à faire preuve de discernement pour déterminer quels bénéficiaires pourront profiter le plus de l'argent que je donne et lesquels sont susceptibles de mal le gérer. Est-ce que je donne mon argent aux causes que tu apprécies vraiment

le plus ? Opéra ? Musées ? Droits de l'homme ? Quelle que soit la qualité de ces œuvres, sont-elles aussi chères à ton cœur que l'évangélisation, l'enseignement, l'implantation d'églises ou l'aide aux pauvres, aux handicapés, aux prisonniers et aux enfants à naître et à leurs mères ?

> Et voici ce que je demande dans mes prières: c'est que votre amour gagne de plus en plus en pleine connaissance et en parfait discernement pour que vous puissiez discerner ce qui est important.
>
> PHILIPPIENS 1:9-10
>
> *Lisez aussi 1 Timothée 5 : 3-5 et Proverbes 14 : 7.*

20. Comme tu as appelé le jeune homme riche à donner tous ses biens et à te suivre par la foi, serait-il possible que tu me demandes de faire la même chose ? Ai-je jamais pris la peine de te poser la question ? Tu as appelé Zachée à donner la moitié de ses biens. Comme je gagne deux fois plus d'argent que certaines personnes, se pourrait-il que donner la moitié de ce que je possède soit une option raisonnable de ma part pour honorer Jésus ?

> Mais Zachée se présenta devant le Seigneur et lui dit: Écoute, Maître, je donne la moitié de mes biens aux pauvres et, si j'ai pris trop d'argent à quelqu'un, je lui rends quatre fois plus. Jésus lui dit alors: Aujourd'hui, le salut est entré dans cette maison, parce que cet homme est, lui

aussi, un fils d'Abraham. Car le Fils de l'homme est venu chercher et amener au salut ce qui était perdu.

LUC 19:8-10

*Lisez aussi Matthieu 19 : 21 et Luc 14 : 33.*

21. Si je devais dresser la liste de tous les biens que tu m'as confiés, Seigneur, et te demander à quoi tu veux que je renonce, y a-t-il quoi que ce soit (maison, voiture, biens immobiliers, épargne-retraite, comptes bancaires) que je pourrais ne pas mettre sur la liste ou considérer comme intouchable ? Est-ce que je te laisse uniquement les restes, refusant d'admettre que tout t'appartient ? Si je ne mets pas tout sur la table en te demandant ce que tu veux que j'en fasse, suis-je vraiment ton disciple ?

La terre et ses richesses appartiennent à l'Éternel. L'univers est à lui avec ceux qui l'habitent.

PSAUMES 24 : 1

*Lisez aussi 1 Corinthiens 6 : 19, Psaumes 50 : 12 et Aggée 2 : 8.*

22. Père, tu connais mon cœur. Pourquoi est-ce que je m'accroche à mes biens avec autant de force ? Chercherais-je à prouver quelque chose ? S'agit-il d'orgueil ? De puissance ? De prestige ? D'égoïsme ? D'insécurité ? De peur ? Sans en avoir conscience, suis-je en train de te remplacer par l'argent ? En recherchant des plaisirs matériels, ne suis-je pas en train de passer à côté des plaisirs qui ne peuvent être trouvés qu'en toi ? Veux-tu que je fasse quelque chose

de différent (peut-être radicalement différent) pour améliorer ma soif de toi et ma dépendance envers toi ?

> Mon âme a soif de toi, mon corps même ne cesse de languir après toi comme une terre aride, desséchée et sans eau.
>
> PSAUMES 63 : 2
>
> *Lisez aussi Colossiens 3 : 4-6 et Psaumes 34 : 8.*

23. Est-ce que je vis pour entendre *les autres* dire de moi : « Comme il a bien réussi dans la vie ! » ou pour *t'*entendre me dire : « Bien, bon et fidèle serviteur » ? Lorsque je te rencontrerai face à face, aurai-je le désir d'avoir donné moins ou plus ? Dieu, aide-moi, par ta grâce, à combler l'écart entre ce que je donne aujourd'hui et ce que je souhaiterai un jour avoir donné.

> Gardez-vous avec soin du désir de posséder, sous toutes ses formes, car la vie d'un homme, si riche soit-il, ne dépend pas de ses biens.
>
> LUC 12 : 15
>
> *Lisez aussi 2 Corinthiens 8 : 7 et Actes 10 : 1-4.*

24. Seigneur, ma crainte des problèmes de santé ou de la vieillesse me pousse-t-elle à réduire mes dons ? Je sais que tu m'appelles à être sage, mais ai-je été trop loin, jusqu'au point de stocker et d'amasser au lieu de te faire confiance ? Au bout du compte, est-ce que je conserve à

l'excès pour disposer d'un plan de secours au cas où tu me ferais défaut ?

> Ne vous inquiétez pas pour le lendemain ; le lendemain se souciera de lui-même. À chaque jour suffit sa peine
>
> MATTHIEU 6:34
>
> *Lisez aussi Proverbes 3 : 5-6 et Philippiens 4 : 6, 19.*

25. C'est une pensée terrible, Père, mais les biens matériels sont-ils en concurrence avec toi pour régner sur ma vie ? Ma vie spirituelle (et celle de ma famille) a-t-elle souffert de notre richesse et de notre amour de l'argent ? Est-il vrai que donner est l'unique antidote au matérialisme ? Ai-je donné assez jusqu'à présent pour être libéré du matérialisme et de la tyrannie de l'argent et des biens ?

> Nous n'avons rien apporté dans ce monde, et nous ne pouvons rien en emporter. Tant que nous avons nourriture et vêtement, nous nous en contentons. Ceux qui veulent à tout prix s'enrichir s'exposent eux-mêmes à la tentation et tombent dans le piège de nombreux désirs insensés et pernicieux qui précipitent les hommes dans la ruine et la perdition. Car « l'amour de l'argent est racine de toutes sortes de maux ». Pour lui avoir ouvert leur cœur, certains se sont égarés très loin de la foi, et se sont infligé beaucoup de tourments. Mais toi, homme de Dieu, fuis toutes ces choses. Recherche ardemment la droiture.
>
> 1 TIMOTHÉE 6:7-11
>
> *Lisez aussi Ézéchiel 28 : 4-5 et Apocalypse 3 : 17-18.*

26. Montre-moi à quoi je suis obstinément accroché et que tu souhaiterais me voir abandonner. Comme tu m'as promis qu'il y avait davantage de joie à donner qu'à recevoir, de quelles bénédictions et de quelles joies suis-je en train de me priver en conservant ce que tu voudrais me voir céder ?

L'homme qui regarde autrui avec bonté sera béni parce qu'il a partagé son pain avec le pauvre.

PROVERBES 22:9

*Lisez aussi Actes 20 : 35 et 2 Corinthiens 8 : 13-15.*

27. Jésus, s'il te plaît, montre-moi comment je peux mieux communiquer et prier avec mon conjoint et mes enfants de façon à pouvoir marcher ensemble sur cette voie exaltante du don ! Aide-nous, Seigneur, à la fois à nous guider et à nous encourager réciproquement, sans laisser aucun d'entre nous à la traîne.

Un homme peut hériter maison et richesse de ses pères, mais seul l'Éternel peut lui donner une femme qui sache agir avec sagesse.

PROVERBES 19:14

*Lisez aussi 2 Corinthiens 9 : 7 et Éphésiens 5 : 21-22, 25.*

28. Que fais-je (et que devrais-je faire) pour apprendre à mes enfants à être des donateurs réguliers, joyeux et généreux ?

> Apprends à l'enfant le chemin qu'il doit suivre, même quand il sera vieux, il n'en déviera pas.
>
> PROVERBES 22:6
>
> *Lisez aussi 1 Corinthiens 11 : 1 et 16 : 2.*

29. Seigneur, j'ai pris conscience qu'en beaucoup de régions du monde et à la plupart des époques de l'Histoire, je serais considéré comme une personne extrêmement riche (même si j'appartiens à la classe moyenne dans cette société). As-tu mis autant dans mes mains parce que j'ai reçu le don de donner et parce que tu veux que j'apprenne à utiliser mes biens pour ta gloire ? Suis-je passé à côté de bénédictions et de joies pour ne pas avoir exercé ce don ?

> De même, alors que nous sommes nombreux, nous formons ensemble un seul corps par notre union avec le Christ, et nous sommes tous, et chacun pour sa part, membres les uns des autres. Et Dieu nous a accordé par grâce des dons différents. Si l'un a le don d'apporter des messages inspirés, qu'il l'exerce conformément à notre foi commune. Si un autre a le don de servir, qu'il se consacre à ce service. Que celui qui a le don d'enseigner, enseigne. Que celui qui a le don d'encourager, encourage. Que celui qui donne le fasse sans arrière-pensée ; que celui qui

dirige le fasse avec sérieux; que celui qui secourt les malheureux le fasse avec joie.

ROMAINS 12:5-8

*Lisez aussi 2 Corinthiens 9:7 et Galates 6:9.*

30. Puisque je suis un donateur, qui ai-je enseigné et encouragé en donnant ? Dans un esprit d'humilité, comment puis-je partager la joie de donner avec d'autres ? Si certains d'entre nous sont des combattants dans la prière, appelés à enseigner à autrui comment prier, d'autres parmi nous sont-ils des combattants de la libéralité ? Appelles-tu certains d'entre nous à être des exemples qui montrent à d'autres comment donner et qui les encouragent à placer la barre plus haut en la matière ? (Devrais-je aspirer à devenir un combattant de la libéralité et/ou chercher les conseils et la direction de l'un d'eux ?)

Nous voulons vous faire connaître, frères, la grâce que Dieu a accordée aux églises de Macédoine. Elles ont été mises à l'épreuve par de multiples détresses, mais les croyants, animés d'une joie débordante et malgré leur extrême pauvreté, ont fait preuve d'une très grande générosité. […] Je connais vos bonnes dispositions à ce sujet. J'ai même exprimé ma fierté à votre égard aux Macédoniens, en leur disant : « En Achaïe, ils sont prêts à donner depuis l'an dernier. » Votre zèle a motivé la plupart d'entre eux.

2 CORINTHIENS 8:1-2; 9:2

*Lisez aussi 1 Chroniques 29:1-14 et Hébreux 10:24.*

31. Cinq minutes après ma mort, à quoi souhaiterai-je avoir renoncé lorsque j'en avais encore la possibilité ? Père, je ne dois pas attendre ma mort pour connaître la réponse. Montre-moi maintenant, alors que je peux encore donner au profit de causes chères à ton cœur, alors que je peux encore connaître la joie de savoir que d'autres sont nourris, épaulés et touchés par l'évangile, grâce à l'aide nécessaire qu'ils auront reçue de ma main. Rends-moi capable de vivre chaque jour qu'il me reste ici-bas en me réjouissant du ciel et des trésors que j'y accumule. Aide-moi à anticiper les mots que j'aspire à entendre de ta bouche : « Très bien, [...] tu es un bon serviteur, en qui l'on peut avoir confiance. [...] Viens partager la joie de ton maître ! » (Matthieu 25 : 21).

Le Fils de l'homme viendra dans la gloire de son Père, avec ses anges, et alors il donnera à chacun ce que lui auront valu ses actes.

MATTHIEU 16 : 27

*Lisez aussi Proverbes 19 : 17 et Matthieu 10 : 42.*

# Table des matières

*Dans la même collection*

# Le choix de la pureté

**Randy Alcorn • Principes de Dieu pour affronter la tentation sexuelle**

Biblique et pratique, l'auteur puise dans sa longue expérience de conseiller pour aborder le sujet avec prudence et honnêteté. Avec un sens aigu des réalités, il propose des pistes pertinentes pour aujourd'hui.

*En coédition avec* Famille Je t'Aime

Ce livre facile à lire, mais surprenant, vous encouragera à emprunter résolument le chemin de la pureté, source d'une joie véritable.

**128 pages • Réf. 2130**

# Au risque d'être heureux

**John Piper • Fais de l'Éternel tes délices !**

Un chrétien peut-il faire du bonheur le but de sa vie ? Oui, répond John Piper ! Parce que Dieu nous a créés pour être heureux en Lui.

Notre raison d'exister est de glorifier Dieu en trouvant en lui notre bonheur éternel. Quand Dieu devient ainsi notre trésor, la source de notre entière satisfaction, il est pleinement honoré ! Plus notre satisfaction en Dieu est grande, plus il est glorifié en nous.

**112 pages • Réf. 2153**

blféditions
*Passionnés à juste titre*
BLF Éditions • Rue de Maubeuge • 59164 Marpent • France
Tél. (+33) (0) 3 27 67 19 15 • Fax (+33) (0) 3 27 67 11 04
info@blfeditions.com • www.blfeditions.com